ハイエクといっしょに
現代社会について考えよう

H A Y E K

蔵 研也

春秋社

はじめに

二一世紀に入って、もう二〇年以上が過ぎた。新型コロナウイルス騒動やロシアのウクライナ侵略などもあって混沌を極める現在、もう一度、二〇世紀を代表する社会哲学者、自由主義者であったハイエクの言説について論じてみたい。

ハイエクの残した多くの経済理論、自由の社会哲学と市場メカニズムへの洞察が、今も重要であるというだけではない。彼が考えた思索を通して、現代の日本経済と社会の状況について考察することは有益だろうと考えるからである。

とはいえ、これまでにすでに多くのハイエク研究者が存在しており、彼らによって極めて質の高い研究書が多数出版されている。社会思想の専門家でもない私がここで、今さらハイエクの思想について深掘りすることは単純に能力的に不可能であり、またそれほど有意義でもないだろう。

よって本書では、ハイエクが著した主要な信条や理論、問題意識を大まかになぞりながら、現代の世界経済について検討することで、彼の思想の有効性を再検討してみたい。特に、日本の経済社会のおかれている特殊な状況についても考察する。それは世界と日本の経済や社会の現状を、彼の視点と理論、人間観を使って見直そうという企てである。

もちろん一〇〇年前の知的状況の中で育ったハイエクの立場は、現代を生きる私の感覚とは大きく異なる場合がある。あるいは彼の長い知的活動のなかには、彼が以前に表明した命題と矛盾しているような部分もある。そうした場合には、疑問・疑念などをそのまま記すことで、読者と思索を共有したい。

本書の構成は、まず経済学について論じ、次に社会と法の哲学、そして最後に市場と自由をめぐる現代的な状況に検討を加える。各章の話題は、それぞれがある程度独立した内容を扱ってはいるが、当然ながら、ハイエクが生涯を通じて唱導した個人的自由の称揚という大きな全体的主題の一部分だ。

読者には私と一緒に、現代の日本の社会と世界のあり方について考えてもらいたい。ハイエクが残した知的遺産をめぐって、ゆっくりとした思索をともに楽しむのである。

目次

I　自由の経済

II　自由の政治

Ⅳ　市場と社会の未来

ハイエクといっしょに現代社会について考えよう

I

自由の経済

1 ハイエクかケインズか

市場と貨幣のドラマ

フリードリヒ・アウグスト・フォン・ハイエクは一八九九年にウィーンの学者の家柄に生まれた。父アウグストもまたウィーン大学でも教鞭をとった医者・植物学者で、おそらく彼が長じて学者になるのは極めて自然なことだったのだろう。一九一七年にはオーストリア・ハンガリー帝国軍のイタリア戦線に従軍している。

翌年ウィーンに戻った後、ウィーン大学に入学したハイエクは、一九二一年に法学、二三年には政治学の博士号を取得する。後述するように、ハイエクは戦後、自由主義をめぐる法哲学の思索に勤しんだが、それは彼がもともとの学術的な背景に回帰していったということだったのかもしれない。

ハイエクは大学を出た後、当時オーストリア学派の経済学を完成させつつあったルートヴィヒ・フォン・ミーゼスの主催する私的なセミナーに参加して、そこで本格的に経済学を研究し始める。オーストリア学派については、だんだんと説明することにしよう。

同じようにセミナーに参加していたロンドン・スクール・オブ・エコノミクス（LSE）のライオネル・ロビンズの誘いで、一九三一年からはLSEの教授となった。この時期のハイエクの経済学的な研究は一九三一年の『価格と生産』、ついで四一年の『資本の純粋理論』に著されている。その理論は、完全にオーストリア学派の経済学に則ったものだった。

こうしてハイエクの研究者としてのキャリアは、ロンドンで本格的に始まった。それはケインズ経済学の主流化という、経済学会の大きな流れを受けて、それに対抗するはずだったのである。

ケインズ経済学

第一次世界大戦後の世界は、復興からの好景気に湧き、アメリカの一九二〇年代は「狂騒の二〇年代」とも呼ばれた。この時期、経済全体の生産性は急速に向上した。自動車の大量生産が始まり、上下水道や電気網が整えられた。そして、電話や映画やラジオが飛躍的に普及した。こうして市民の生活が大きく変化するほど、つまり現代的な生活が始まるほどの大きな技術革新と経済発展があったのである。

好況があれば、不況がある。その後、一九二九年にアメリカから始まった大恐慌は即座にヨーロッパ全域に広がり、生産量は急減して株価は低迷、人びとは失業率の増加に悩むようになる。これはいつの時代にも見られる資本主義の経済変動（経済循環）だったが、二〇年代の熱狂が大きかった分だけ、その反動としての大恐慌は深刻なものになった。新古典派の主流経済学者は、自由放任による価格調整を良しとしていたが、当時の人びとも若い学者たちも、こうした混迷を解消してくれる新しい経済学を求めていた。

この時代、ケンブリッジ大学の経済学教授であったジョン・メイナード・ケインズは、一九三〇年に『貨幣論』を出版していた。ケインズはこの『貨幣論』において、その後の『雇用・利子および貨幣の一般理論』に先駆けて、いくつかの大きな主題を展開している。ここでは特に発表の時期を問わず、ケインズ経済学の主張を、大まかにとり上げよう。

ケインズ経済学のテーゼの中でも、もっとも重要なものは「経済において、貯蓄の量は投資の量とは、自動的には一致しない」、そして「貯蓄が投資よりも多い場合には、過大な貯蓄から不況が生じる」というものだ。そして、この命題の応用として「投資に比べて貯蓄が過剰である場合、それを消費に向けさせればよい」、あるいは「消費を促進することで、経済不況は克服できる」という。

なるほど、現代の経済を見るなら、その潜在的な生産能力は膨大なものがある。たしかに、生産力があっても人びとがその生産物を消費することを望まなければ、生産は滞り、不況が生じるだろう。だから民間の消費、つまり有効需要が足りないという状況に対しては、消費や投資を増やすように誘導してやれば、それに合わせて生産が行われ、不況は解決する。

第二次世界大戦後、こうした不況対策はケインズ経済学として完全に確立した。事実上、これまで、すべての政府によって実行されてきたものなのだ。ケインズ経済学によれば、経済不況時には、政府が公共投資として直接的な消費活動を行うか（財政政策）、あるいは中央銀行が利子率を引き下げることで民間投資を刺激する（金融政策）、あるいはそれらを適宜混合して実行するべきである。こうした政策によって、資本主義の経済変動はある程度コントロールすることができるし、それを実行すれば大恐慌のような事態には陥らない。

こうして、ケインズはそれまでの新古典派の理論の枠組みにこだわらず、新しい経済学、つまりマクロ経済学を打ち立てた。それまでの新古典派経済学は、市場の自動調整機構と自由放任を主張していたが、それに代わってケインズ経済学は経済における政府の役割を積極的に肯定した。

つまりケインズ経済学は、まさに大恐慌という時代が求めていた革命的理論だったのである。

オーストリア学派

前述したように、ロビンズがハイエクをＬＳＥに呼んだのは、当時すでに大きな影響力を発揮しつつあったケンブリッジ大学のケインズに対抗するためだった。ハイエクは一九三一年に『価格と生産』を著して、オーストリア経済学の経済循環理論を英語圏に紹介し始める。彼はさらに一〇年後には『資本の純粋理論』を著して、オーストリア資本理論を深化させた。

この時期、ハイエクは学術誌『エコノミカ』においてケインズの『貨幣論』を批判しているが、それに対するケインズからの反批判も含めて、彼らの論争は議論が噛み合っていない。ここでは議論の詳細はさておき、ハイエクが依拠していたオーストリア学派の経済循環論を解説しよう。

資本主義では、好況不況の波が生じることはよく知られているが、では、そもそもなぜ経済循環、あるいは経済変動が生まれるのだろうか。

経済が発展するのは、その基盤として何らかの技術的な発展が生じているからだと考えられる。技術的な進歩には、蒸気機関や内燃機関の発明のように大きなインパクトのものもあれば、あるいはごく小さな影響しか与えないものもあるだろう。

無数のイノベーションは、ゆっくりと集合的に経済を拡大させていく。例えば、ベルト・コンベアを使ったフォード式大量生産方式などのように、長期的に大きな生産性の上昇を引き起こすものがある。それでも、そうした技術の普及や発展に伴う影響はひじょうにゆっくりと経済全体へと広がる。それらの数えられないほど多くの技術革新の発生頻度や重要度は、基本的に統計学でいう大数の法則に従っているはずである。

とすると、それらの影響が重なりあった結果としての経済成長は、ゆっくりと一定の速度で進むと考えるのが自然だ。景気変動、あるいは経済循環と呼ばれるような、波のような発展速度の変化が生まれると考える必然性は存在しない。特に、好況の波の大小はともかくとしても、経済が縮小するような状況が起こるとは考えにくい。そもそも技術革新は、経済のプラス方向にしか働かないはずだからである。なぜ生産量が低下するような不景気が生じるのだろうか。

経済循環の理論

オーストリア学派の経済循環論では、好況期が始まるのは、まず銀行が大きな投資機会を見出したときである。それは通常、ある種のイノベーションが起こって、巨大な産業が生まれるような状況である。例えば、イギリスやアメリカでは鉄道マニアと呼ばれる、鉄道敷設ブームが起こった。その時期、無数の企業が銀行から莫大な融資を受けて、各地に路線網を拡充していった。

銀行は人びとから預かった資金を、そうした新たな事業へと融資できるだけではない。近代以降の銀行には、交換媒体としての貨幣、あるいは通貨を作り出す権限が与えられている。これは、信用創造と呼ばれており、すべてのマクロ経済学の教科書に明記してある。それほどに当然視されている、銀行の基本的な機能である。

多くの銀行が協調的に企業融資を行うことで、それまでに存在しなかった通貨が振り出され、通貨量全体が増大する。余分に振り出された通貨とは、つまり銀行全体の預金量の増加である。

こうした融資による通貨量の増大は、最初は物価に対して影響を与えない。企業が融資を受けた直後にはインフレはまったく発生しないが、預金としての通貨が経済全体に行き渡るにつれて、だんだんとインフレが生じてくる。このとき、融資によって通貨量が増えたとは考えていない起業家は、銀行のつくりだす新しい通貨によって必要以上に大きな投資を行うことができるのだ。

反対に、もし銀行が通貨を新規に発行することができない、つまり信用創造が許されていないとしよう。この場合、投資を行うためには、それに先立って誰かが消費を減らして貯蓄を増やし、その貯蓄が投資に回る必要がある。投資がこのように行われるなら、経済に流通する通貨の量は一定なので、インフレは起きない。

この場合、事前に貯蓄された資源だけが投資されるため、それに見合った分だけ、以後の経済の生産量は拡大して経済成長が実現する。銀行が通貨を振り出すことができなければ、これまでの歴史が経験してきたような、大規模な投資の発生に伴う好景気は出現しなくなるだろう。しかしその代わりに、不況という時期も存在しなくなる。

つまり現実には、好況期には、銀行は信用創造によって通貨を増刷している。これによって投資量がオーバーシュートして適切なレベルをこえてしまうため、その後の資源配分の調整としての不況期が不可避になる。銀行信用の人為的な拡大が好不況の波を生み出すのであり、それは資本主義に必然的なものではなくて、政府から銀行に与えられた特権が生み出すシステムの歪みである。

銀行に与えられている信用創造の特権には、経済全体を見るなら何のメリットもない。それは歴史的に、政府が銀行から融資を受ける見返りとして銀行家たちに与えられてきたが、本来は不必要な特殊利権なのである。

ハイエクはノーベル賞記念講演において、不況期における失業に対する財政金融政策を批判して、次のような説明をしている。

> もっとも有力な「マクロ経済学」理論が失業の救済策として推奨したまさにその方策、すなわち総需要の増大が、後に大規模な失業を不可避にする危険性を高める非常に大規模な資源配分の失敗の原因となったのです。[1]

失業と不況は、もともと銀行信用から生じる投資の失敗が原因だ。それを金融政策や財政政策によって、人為的に需要を高めて解消しようとするのがケインズ経済学である。しかし、それはさらなる資源配分の失敗を引き起こして、最終的にはもっと深刻な恐慌へとつながる。

こうしてオーストリア学派の経済理論は、経済変動への処方箋として、銀行の信用創造を許さないというもっとも単純な政策を提案する。信用創造がなければ、過剰な投資の原資となる融資は行われない。そのため、経済成長は基礎的な生産性の向上の分だけが、ゆっくりと進む。好況はないが、その反動の不況もない。

また、実際に不況が生じたときの処方箋も単純極まりないものになる。不況とは、好況時に必要以上に、つまり過剰に投資された投資計画の失敗である。だから、そうした誤った資源配分をできるだけ速やかに解消するべきことになる。政府や中央銀行による特別な融資などによって、失敗した企業を延命してはならず、ゾンビ企業には市場から退出してもらうのだ。

失われた三〇年

さてここで大きく話を変えて、日本の現状について説明しよう。本書の目的は、ハイエクの思想を現在の日本の問題に当てはめて考えてみることだ。だから日本と世界の経済の状況について、ここで認識を共有することにしたい。

戦後の復興期を終えた日本は、一九九〇年の一人あたりＧＤＰを見ると、おそらく三万五千ドルほどであり、それは世界のトップクラスだった。ＯＥＣＤのデータを見ると、一九九一年、九二年の日本の一人あたりＧＤＰはおよそ三万五千ドルほどである。

実際には、豊かさについての国際比較の場合、各国の為替の変動もあるし、また各国内の物価を考慮した購買力平価などの調整が必要である。そのため、実際に日本人の生活がもっとも豊かなものであったとはいえないが、それでも世界的に見て、最高レベルの賃金を受け取っていたことは間違いない。

その後、九〇年代にバブルがはじけると、日本経済は長い停滞期に入った。二〇〇〇年代にはリーマン・ショックなどの不況もあったが、総じて日本の一人あたりＧＤＰの成長率は一パーセント未満だった。ＯＥＣＤのデータでは、二〇一九年の日本の一人あたりＧＤＰはおよそ四万二千ドル程度にとどまっている。これは過去三〇年間に日本経済は二〇パーセントの成長、つまり年間の平均成長率が〇・六パーセントほどであったことを意味している。

これに対して、欧米諸国は過去三〇年間に二パーセントほどの経済成長を実現してきた。例えば、イギリスの一人あたりＧＤＰは一九九一年には二万九千ドルだったが、二〇二〇年には四万ドル、アメリカは三万八千ドルから、五万八千ドルになっている。現在のアメリカ人の名目所得は日本の一・五倍、実質的な所得は二倍程度になっている。

また最近よく話題になっているように、韓国の一人あたりＧＤＰは日本に追いついてきており、物価を考慮した購買力賃金ではすでに日本を越えている。また台湾のひとりあたりＧＤＰも三万三千ドルであって名目的には日本よりも低いが、すでに実質的な購買力では日本と同じだ。

図1はOECDからのデータを使ったグラフだが、物価水準を含めた実質的な購買力を表したものだ。このグラフでは物価の安いアメリカの実質所得がずっと高かったのは当然としても、日本は二〇〇五年頃からはドイツにも次第に差をつけられてきている。

また二〇一〇年代の後半には、韓国が日本を抜いている。こうした国際比較のためのデータはOECDだけでなく、世界銀行や国連などからも公表されているが、基本的にはほとんど同じである。

またOECDのデータを元に、公益法人である日本生産性本部が、各国の労働生産性を算出している。この時間あたりの労働生産性を、G7についてグラフにした［図2］。日本は五〇年連続してG7で最低に位置づけられている。二〇二〇年の一時間あたりの生産性については、OECD三六カ国中二二位、日本人は一時間におよそ五〇ドルを生産するが、イギリスは七〇ドル、アメリカやフランス、ドイツなどでは八〇ドルに近い。つまり、日本人は同じ時間でアメリカ人の三分の二の生産もしていないことになる。

［図1］ 一人あたりGDP

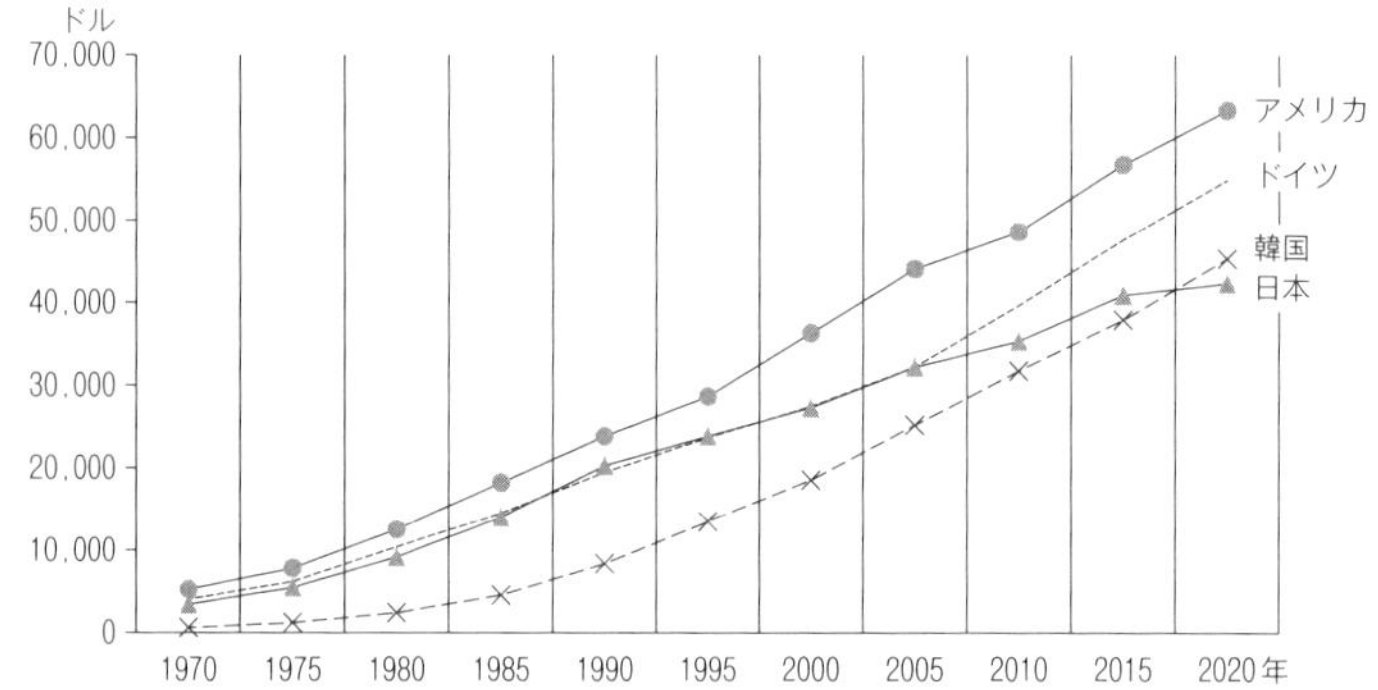

労働生産性が低くても、長時間働くことによって一人あたりの所得を増やすことができる。かつての日本の所得の高さは、生産性よりも長時間の労働によって支えられていた。こうした状況は、現在の韓国でも似たようなものである。

日本経済の凋落は、経済の国際競争力にも現れている。例えば、スイスの国際経営開発研究所（ＩＭＤ）の『世界競争力年鑑』では、二〇二一年には六一ヶ国中三一位に位置づけられている。この競争力年鑑が興味深いのは、日本は一九九〇年ごろには三年連続で世界一位だったことだ。それが三〇年のあいだに欧米諸国はもちろん、韓国や台湾よりも下になった。

この競争力比較は、四つの下位項目によって構成されている。そこでは経済状況が一二位、政府の効率性が四一位、ビジネス効率性が四八位、インフラが二二位である。つまり、政府の効率性が極めて悪く、それに加えてビジネスの効率はさらに低いという評価なのだ。日本の政府が極めて非効率な集団なのは誰でも直感的に納得できるとして、日本企業のビジネスのやり方も、世界と比較すると、それ以上に非効率になっているのである。

例えば、押印という制度は、本人でなくても簡単に他人になりす

［図2］　労働生産性

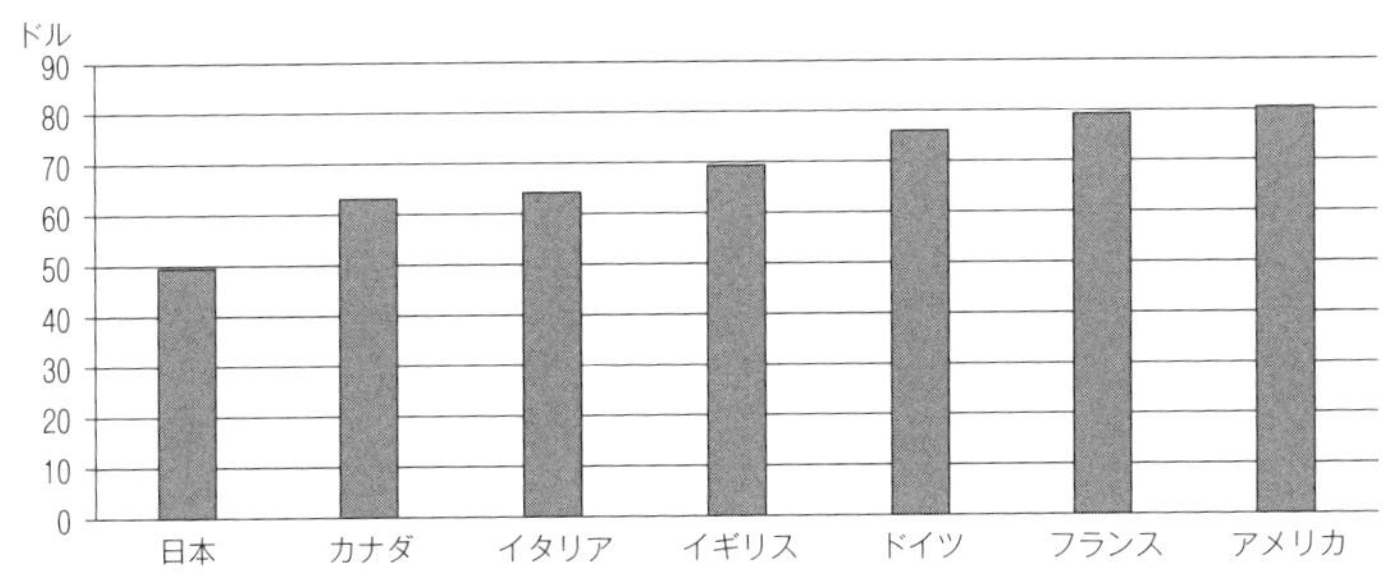

ませるという意味で、無意味なだけではない。押印を必ず必要とする組織の運営や業務のあり方は、それだけで時間とエネルギーの効率を下げるため、とても有害なのだ。また日本人が形式的な会議ばかりを開くのは、誰に責任があるのかをはっきりさせたくないためだ。こうした無責任主義は日本企業の意思決定を遅らせ、その結果、大きく成長する企業はひじょうに少なく、新しいスタートアップ企業も生まれてこない。

こうした現状は、ここ数年多くの経済誌の話題になっているので、すでによく知っている人は多いだろう。問題は、こうした現状がなぜ起こっているのかについて、その理由が論者によってまったく違うことだ。原因の理解が異なっているのだから、当然に処方箋もまったく違ったものになる。ここでは、二〇一二年から安倍晋三首相が進めてきたアベノミクスから論じていこう。

アベノミクスが残してきたもの

二〇一二年に首相になった安倍晋三は、自ら「三本の矢」と呼ぶ政策を実行した。一本目の矢は、大規模な金融緩和である。これは異次元緩和とも呼ばれた。日本銀行の金利をゼロに、さらにマイナスにまで引き下げることで、企業や個人は金を借りやすくなる。これによって企業による資本投資が活発になり、また個人も住宅ローンなどを低金利で借りることができるので、住宅も建設されるだろう。

二本目は、国土の強靭化のための公共投資である。東日本大震災によって大きく毀損した東北地方沿岸の復興に向けた、土木作業を完成させる。さらに来るべき南海トラフ巨大地震などにも備えるために、各種の公共投資を行う。こうした政府支出が呼び水となって、消費が拡大し、日本経済は力強く成長するという。そのためには、国債を日銀が大量に買い付けるという、事実上の中央銀行による財政ファイナンスを容認することになった。

他にも「健康長寿社会」や「一億総活躍社会」、さらには「女性が輝く社会」、「世界に勝てる若者」という言葉で、女性や高齢者にも十分に働いてもらうというような話もあった。これは高齢化が進む日本で労働力人口を維持するためには、それまでは働いていなかった育児中の女性や、あるいはこれまでの退職年齢を越えた高齢者にも働いてもらう必要があるというものだ。

一億総活躍社会はともかく、低金利政策にしても公共投資にしても、それらは戦後一貫して続くケインズ経済学そのものである。景気が悪くなれば、政府が財政出動をし、中央銀行が低金利政策をとる。こうして消費が減少した分を、政府の支出と企業による投資が補うことで、全体としてのＧＤＰを下支えする。これをどう呼ぶのかはさておき、まさに教科書に書いてある通りのケインズ政策である。

ケインズ経済学は、需要サイドの経済学である。そこでは生産力は十分にあるが、ただそれを買うための有効需要が存在しないということが前提になっている。だから政府が直接的に公共投資をすれば生産量は増大するし、あるいは金利を下げれば投資が誘発されることで総生産量が拡大する。

これらの政策が機能したのかについては、日本の株価が上昇したことなどを評価する人もいる。しかし本書の視点からは、完全に世界のデジタル化の流れから取り残されただけの停滞期であった。

単純に、労働生産性がまったく伸びていないからだ。アップルやグーグルのあるアメリカは当然だが、他の先進国にも比べても、日本の成長率は圧倒的に低い。これから詳述するように、日本の社会システム自体がデジタル化による急速な変化の時代に適合していないのだ。

さて三本目の矢は、民間投資を誘発する成長戦略であった。これには上述の人材活用も含まれるだろうが、もう少し狭い意味では各種の「規制緩和」による新しい産業の創出が目指されていた。例えば、特定の規制を緩和した特区を各地に作り、そこで経済実験を行う。うまく機能することが確認されれば、それを全国に広めることで経済全体を活性化するという考えだった。

これが実現すれば、たしかに素晴らしい政策だったはずだ。安倍晋三自身が「改革の一丁目一番地」であると表現し、少なくともその初期には「岩盤規制にメスを入れる」、「聖域なき規制緩和を行う」と断言していたのである。

この成長戦略は、明らかにケインズ政策ではない。それはもっと長期的な視点から生産性の引き上げをねらったものであり、供給側、つまりサプライ・サイドに変化を起こそうとする政策であった。需要管理を目的とするケインズ政策には、そもそも長期の視点がまったく存在しない。

結果としては、この三本目の矢はまったく実施されなかった。規制改革の内容を決めるための「規制改革推進会議」という首相直属の諮問委員会を立ち上げてその答申を受けたが、現実として、これまでまったく実施されていない。

特別な制度を認める「国家戦略特区」を作るという考えもあった。例えば、高度な技術を持つ外国人労働者を認める、金融経済特区などである。もちろん、まったく実現していない。その他の

「岩盤規制」の典型は、医療や教育、農業にかかわる各種の規制や団体であり、それらにはまったくメスが入らなかった。

その他にも、保険外のサービスを含む混合介護の解禁、ウーバーのようなライドシェアの解禁、不動産情報のネット上での公開などが実施されていない。つまり、数えられないほどの無意味で不必要な規制が、相変わらず日本経済をがんじがらめに縛っている。

アベノミクスはその後の菅首相にも引き継がれたが、コロナ禍の後の岸田首相は「新しい資本主義」という標語を掲げた。「分配なくして成長なし」というスローガンからすると、現代ますます広がりつつある格差社会を念頭に置いて、所得の再分配をするということなのだろう。しかし、所得の再分配が長期的な生産性の向上につながるという論理は極めて薄弱だ。

もし所得の平等が成長に直結するのなら、二一世紀に入ってもっとも成長している企業を生み出しているのが、格差社会を体現したアメリカであることがまったく説明できない。後述するが、所得の格差の問題は現在のデジタル経済の生み出す必然であり、それを解消するにはあるいは政府による所得の再分配しか方法はないのかもしれない。とはいえ、生産性が低い社会では、そもそも再分配しようにも、その資源を税として集めることさえできない。

短期のケインズと長期のハイエク

さて、日本の問題について説明したところで、ハイエク対ケインズに話を戻そう。ハイエクがL

ＳＥに来た当時、オーストリア経済学もケインズ経済学も経済学という大枠のなかで覇を競っていた。

しかし、戦後の経済学においては、ケインズ経済学がマクロ経済学として確立して、唯一の圧倒的な支配勢力となった。戦後のアメリカでは、サミュエルソンやトービン、モディリアーニなど、数多くの優秀な研究者たちがケインズ経済学の精緻化を進めた。その結果、現在オーストリア学派を教える大学はアメリカでもほんのわずかな数でしかない。日本では、ハイエクの経済学を含むオーストリア学派は、経済学説史の講義でわずかに触れられる場合を除いて、まったく教えられていない。

また、現実の国際政治においても、ケインズ経済学は圧倒的に支持されている。政治家にとっては、ケインズ経済学は不況期に何をするべきかを教えてくれるにとどまらない。それが政府の財政出動であるとまでいうのだから、自分とその支援者に都合の良いバラマキ活動に対して正当な理由を与えてくれる。こんなに都合の良い理論を採用しない政治家がいたら、それは民主主義政治においては自殺行為だろう。こうして国際協調政治においては、世界不況時には各国政府が財政出動をすることが常識となった。

しかし、ケインズ経済学は短期的な経済不況に対する処方箋として始まったものだ。大恐慌のような不況期とは、失業者があふれ、生産設備が稼働していないという意味で特殊な状況である。日本経済のように三〇年間も生産性が停滞した状況が続くというのは、そうした不況という特殊な状況にあるのではない。それは生産性が高まるような成長産業がまったく生まれていないこと、そして既存の産業においても各種の規制が生産性の向上を阻んでいることに原因がある。

　こうした経済の停滞状況を改善するために一時的な財政出動をしても、それが財政赤字を増やす以上、国民は単に未来に不安を感じて貯蓄を増やすだけだろう。現に、コロナ禍でバラまかれた国民への一〇万円の手当、さらに一〇万円の子ども手当の多くが貯蓄に回っている。

　結局、ケインズ政策がもし機能するとしても、それは本当に三年から五年程度の短期の応急処置になるにすぎない。このことをケインズ自身は「長期においてわれわれはみな死んでしまう」という表現を使って、開き直ることで正当化した。長期的には経済が自然に回復するとしても、その前に死んでしまうなら待つことはできないというのだ。

　ケインズによれば、「穴を掘って、穴を埋める」というような政府による緊急性のないムダな資源への投資でさえも、公共事業としては意味があるという。しかし、長期的な生産性を上げるには、ケインズ政策はむしろ有害である。政府がムダな公共事業に出費をすることで、民間の資源が浪費されるからだ。

　そこには本来なら、未来の経済成長に向けられたはずの、実施されなかった潜在的な民間投資も含まれている。公共投資は、未来に向けた正しい資源の配分を歪めて、未来に投資すべき有限な資源を浪費することなのだ。

　ハイエクは『資本の純粋理論』において、生産設備としての資本がどのように高度化するのかを図示して、その理解を深めた。また今ではあまり注目されることがないが、ハイエクが一九七四年にノーベル経済学賞を受賞した理由は、そうして経済循環理論の発展に寄与したことであった。そして短期の経済処方としてのケインズ経済学についても、その最低限度を認めていた。

　通貨膨張によって、きわめて短い時間に雇用が急速に増進し、可能な最短の時間で「完全雇用」の点に達することはもちろん否定されたことはない、ということは指摘してもよいかもしれない。とりわけ、大インフレによって見解が育まれてきた経済学者についてはそうである。主張されてきたのは、このようにして創出された完全雇用は元来不安定なものであり、こうした手段によって雇用を創出するのは変動を永続化するということであった。非常に短い期間であったとしても、あらゆるコストを払って雇用を増加させる必要があるような絶望的な状況は存在するのかもしれない。おそらく、一九三二年のドイツでブリューニングが直面したのはこのように捨て鉢の手段が正当化される事態だったのかもしれない。しかし、金融政策をもちいて短期的に雇用の最大化をはかるのは、本質的には、失うものがなにもなくきわめて短い時間ですべてを獲得しようとする命知らずの政策であることを、経済学者は隠してはならないだろう[2]。

　ハイエクは、金融政策とは、短い時間ですべてを獲得しようとする捨て鉢の戦略だといっている。ほとんど成功する見込みのない、やけくその苦し紛れの短期決戦だというのである。ケインズの著書は『一般理論』と銘打たれて、平常時にも役立つ経済理論であると主張している。しかし、それはハイエクにとっては、大不況時にのみ当てはまるかもしれない「特殊理論」であった。

また『個人主義と経済秩序』の「真の個人主義と偽りの個人主義」においても、長期の視点に立った経済政策の重要性を強調している。政府による法や規則のあり方は、個人にとっては、自分自身の未来の計画を立てる基礎となるからだ。

> 自由主義的もしくは個人主義的な政策は、本質的に長期的な政策でなければならない。短期的な効果にのみ意をもちい、それを「長期的にはわれわれは皆死んでしまう」という議論によって正当化する昨今の流行のゆえに、典型的な状況を対象にして作成された諸規則にではなく、当面の特定の事情にあわせてつくられた諸指令にわれわれは依存せざるを得ないようになるのである[3]。

　ハイエクは、オーストリア経済学を発展させ、経済のあり方と社会における知識の活用という問題についての思索を深めた。彼にとっては、現代経済の持つ高い生産力というものは、個人がもつ生産技術という特殊な知識や、それを化体して深化・高度化する資本設備のことを意味していた。

　われわれの経済は産業革命以降、過去二〇〇年間に急速な生産性の向上を実現してきた。それは資本が蓄積されたからであり、それを活用する生産知識がますます膨大な量として蓄えられてきたからだ。このことは、長期的な経済史の視点から見ると、誰にも疑うことができない。

　だが、なぜか現代の経済学者、あるいは特に評論家には、商品への需要が高まればどれだけでも生産ができるという、ケインズ的な誤った認識が広がっている。アフリカが貧しいなら、それはアフリカに需要がないからではなくて、生産するための知識と資本がないからだ。同じように、日本が成長していないのは、新しい生産知識を獲得すること、産業を起こすことを禁止する規制がはびこっていて、そうした知識産業が否定されているからなのだ。

2　経済成長にインフレは必要なのか

前章で見たように、ハイエクは経済学者としてキャリアをスタートした。そしてオーストリア経済学にもとづいて、経済循環は銀行による信用創造から始まること、その結果、インフレとともに、不適切な産業への過剰投資という資源配分の失敗が起こると考えていた。

ハイエクはこうした経済分析を、ルートヴィヒ・フォン・ミーゼスの私的な研究会に出席することで学んだ。すでにオーストリア学派を代表する経済学者であったミーゼスは、一九二四年に『貨幣および流通手段の理論』を著して、経済循環が起こる原因が銀行の信用創造による通貨の増刷にあると主張した。

ここで貨幣という言葉はもちろん紙幣を含んでおり、現在の言葉で言えば、「通貨」のことだ。そして「流通手段」というのは、取引にそのまま使うことのできる銀行の当座預金や普通預金の残高、つまり銀行信用のことである。

銀行に預金さえ用意されていれば、現金としての貨幣を使わなくて、売買などといった取引の決済が可能になる。ミーゼスはこの本で、現代経済においては通貨と銀行信用がまったく同じ役割を果たすということを、初めて明示した。そして信用創造による通貨量の拡大が、景気循環の起爆剤となると説明している。

　ハイエクが初期の著書『価格と生産』で分析したのは、経済に注入された銀行信用が引き起こすインフレが、現実にはどのようなセクターから波及するかであった。銀行信用が拡大することは、それまで存在しなかった通貨が市場に注入されるということである。

　それは銀行からの融資であるため、資本財であることが多いだろう。つまり即座に消費される性質の消費財ではなくて、長い時間をかけて消費財に変化するような、機械や工場などの生産財への投資、あるいは株式や土地などである。

　現実にこのことはアメリカの騒乱の二〇年代でも、あるいは日本のバブル期やここ一〇年の中国経済を見ても当てはまる。好況期には株式や土地などの資産価格は高騰するが、そのわりには食品や生活必需品といった消費財の値段はほとんど変わらない。インフレの計算においては純粋な消費財の価格変化が重視されるため、指数としてのインフレはほとんど起こらないうちに資産価格が上昇する。これが景気の上昇側面での特徴になる。

　若き日のハイエクの目に映ったのは、消費財産業としてのカフェと資本財産業としての銀行の盛衰であった。

大インフレのときになにが起こるかは一九二〇年代の観察からわかるであろうし、これはウィーンにおける私の同時代人の多くが確証してくれるだろう。中心街では多くの有名なカフェが街角の一等地から追いだされ、代わりに新しい銀行の事務所がとって代わった。銀行が事業を縮小するか倒産するかして、何千もの銀行員が失業者の隊列を増やしていった「安定化の危機」の時代が過ぎ去ると、カフェは戻ってきた[4]。

こうして、景気が良い時代には金融ビジネスが大繁栄するが、不況期にはその反動で縮小する。バブル時代の日本の地価と株価の狂乱は、今でも時折話題になっている。これは、経済に興味のある人には広く知られている事実でもある。景気判断を専門とするビジネス系のエコノミストの中には、資産バブルが生じることが好景気の特徴だと考えているものが多い。

インフレと信用創造

現在の日本の銀行制度では、定期預金では顧客から預かった現金の一・二パーセント、当座・普通預金では一・三パーセントが預金準備率とされている。これはつまり、銀行は預かっている現金の七〇倍以上の金額を信用創造機能によって作り出せるということだ。これが、企業への貸し出しの原資となって、好況時に誤った産業への過剰な投資が行われる。

「過剰」という概念は、何か別の状態と比べなければ成立しない。実際に比べるべきなのは、信用創造が存在しなかった場合である。この場合、投資に先立って消費の代わりに貯蓄がなされ、その分だけが投資として活用される。銀行が通貨を自由に創出できなければ、銀行による融資は、その全額が誰かの貯蓄によって構成されるしかない。こうした融資活動は、銀行による完全な金融仲介機能である。

銀行による融資額は、信用創造があった場合よりもはるかに小さなものになるが、その金額がそもそも適正な投資規模なのだ。信用創造によって、もともと存在しなかった余分な通貨を作り出し、それを投資に使うことが「過剰」な投資の意味である。

この場合、経済全体に流通する通貨量は一定であるから、投資はインフレを引き起こさない。また投資を行う起業家・企業の投資案件は、作為的な低金利によって誘発されたものではないので、リスクに見合ったリターンがあるはずだ。そうでなければ、そもそも融資は実行されない。

ここで、もう一度ケインズ経済学の立場からインフレについて考えてみよう。ケインズ経済学では、不況期には低金利にすることによって、民間投資を刺激することができる。それによってＧＤＰが増加して、有効需要が創出されて失業が解消される。この場合、銀行の信用創造は、投資の機会を生かして大規模に実施するためには望ましいことになる。

こうして信用創造を認めれば、好景気の際には景気は加速するだろうが、その後の不況期には調整が生じる。この結果、長期的には経済的・技術的に人びとが許容できる範囲の生産設備が実現する。つまり、この場合でも長期的な生産量は生産性によって規定されているのであって、短期的な効果しかない信用創造の有無とは関係がない。

長期の生産性とは以下のようなものだ。人びとの生産知識が高まり、また人びとが十分に我慢強いために、長期的な迂回生産が可能になるとしよう。この場合、より大きな生産設備が維持されて、経済全体の生産量は高く維持される。反対に、生産知識が低く、来年まで消費を待つことができないのであれば、工場や機械などの生産設備はわずかな量しか維持できない。結果、経済の産出量は低いものにとどまることになる。

ハイエクによるインフレ主義、ケインズ経済学への批判は、以下のようなものだ。

> 現在の貨幣的問題の主たる源泉は、もちろん、ケインズとその弟子たちが貨幣的支出の総額を増やせば繁栄と完全雇用を持続的に約束できるという古い迷信に与えた科学的な権威を是認していることにある。この迷信に対してケインズ以前の経済学者は少なくとも二世紀のあいだ戦い続け、いくばくかの成功を収めた。さらに時代を遡ると、その迷信はほとんどの時代を支配し続けていた。この歴史は、おおむねインフレーションの歴史だといってよい。[5]

失われた三〇年と異次元緩和

こうしてオーストリア学派の視点から見てくると、インフレが起こるかどうかは長期的な生産性とは関係がない。長期的な生産量は、生産の知識と生産設備量、その運用の効率性に依存しているのであって、貨幣的な現象であるインフレやデフレは一時的な生産量には影響を与えるかもしれないが、長期的には無関係、つまり中立的だと考えるのが自然だからだ。

さてアベノミクスでは、金融の異次元緩和が実施された。通貨量を増やすことに対して否定的な意見を持っていた白川総裁に代えて、インフレ積極派であった黒田東彦総裁を任命した。デフレ脱却を目指したインフレ率として、具体的に二パーセントをターゲットにして、金利を事実上ゼロからマイナスにして、民間銀行から国債を買い入れる量的・質的緩和を推し進めた。結果、二〇一二年に五〇〇兆円余であった通貨量、つまり現金＋預金の量は、二〇二一年現在一〇〇〇兆円にまで倍増している。

　図3のグラフを見ればわかるように、たしかに二〇〇六年頃から二〇一〇年頃にかけて、通貨量は五〇〇兆円ほどで停滞していた。これを増やすことでデフレを脱却して、二パーセントのインフレを実現するというのが異次元緩和の目標であった。

［図3］　通貨量の推移

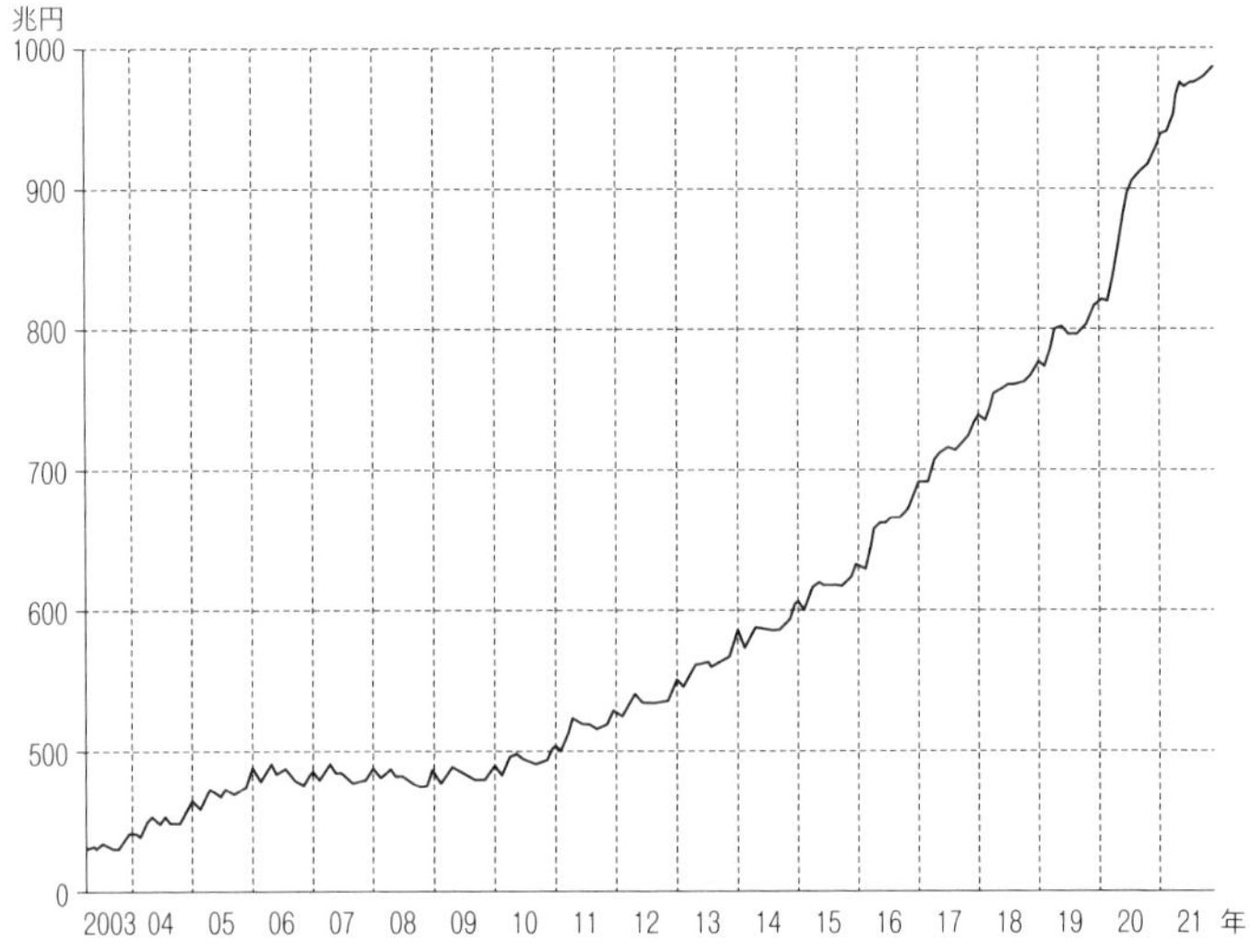

通貨の量が倍増すれば、基本的に物価も二倍になると考えるのが自然である。これは貨幣数量説と呼ばれており、どんな教科書にも取り上げられている基本中の基本原則だ。ヨーロッパに金銀が流入して物価が上昇した「価格革命」を始めとして、歴史的にも多くの国で実証されてきた。これを完全に否定する経済学者はいないだろう。

問題は、その時間的なラグについて論争があることだ。通貨量が増加してから、インフレが実際に起こるまでには、半年から二年ほどの時間差があると主張されることが多いからだ。しかし、日本の現状では明らかに一〇年以上のラグが生じている。

さらに理論的な経済学者であれば、「インフレは人びとのインフレ期待がなければ起きない。日本の場合には長期間続いたデフレによって、そうしたインフレ期待が生じていない」と主張している。

そうした主張は行動経済学やゲーム理論にもとづいたものであり、それなりに説得力があるのかもしれない。しかし、正直なところ、私は現状について納得できるもっともらしい説明をすることができない。単純に、われわれの経済学の知識にはまだまだ不完全な部分があって、「通貨量が二倍になっているのにインフレが起きていないのは、これまでの経済理論では理解できない」と認めざるをえないように思う。

貨幣錯覚

戦後のケインズ経済学として公認されてきた学説には、それまで二〇世紀前半まで論争が続いていた「貨幣錯覚」という考えも取り込まれた。

経済に新たな通貨が注入されるとき、インフレはすぐには起こらない。そのため、人びとは通貨の価値がそれまでのままに続き、賃金が上がったと誤解して、余計に働く。それは失業率の低下や生産量の増大につながる。これが貨幣錯覚である。インフレが実際に起こると、人びとは新しい通貨価値を理解して、それに応じて働くようになるので、再び失業率や生産量はもとの水準へと戻る。

しかし、この理屈でいくと、貨幣錯覚による好景気を維持するためには、通貨は常に人びとの予想を超えて注入される必要がある。人びとが期待するインフレ率を常に上回るインフレが起こらなければ、生産量は維持されないだろう。次第にインフレは昂進して、ハイパーインフレへとつながらざるをえない。

あるいは、こうした金融政策というものは、ケインズが初めて思いついた独創のように考えている人もいるかもしれない。しかし、一八世紀フランスで活躍したスコットランド人実業家に、ジョン・ローという人物がいる。彼は紙幣を大々的に増刷することによって、フランス経済に一大好景気をもたらすと同時に、その後の経済を壊滅へと追いやった。

実は通貨の増刷による金融政策は、ビジネスマンの直感的な景気対策なのであり、近代国家の成立とともに始まったのである。ハイエクは、ケインズをジョン・ローにたとえて、その貨幣理論の誤謬を嘆いている。

私には、ケインズはいつも新しいタイプのジョン・ローのように見えていた。ケインズと同じように、ローは実際に貨幣理論に貢献した金融界の天才だった。……ローは「このような追加的な貨幣は働いていない人を雇用し、すでに働いている人にも大きな利益を与える。このようにして、生産物は増加し製造業は発展していく」と述べている。ローと同様に、ケインズはこのような誤った、しかし人口に膾炙した信念から決して自由になれなかった。

このようなローの見解にたいして、近代的な貨幣理論を対峙させたのが、リチャード・カンティロンとデイヴィド・ヒュームであった。とくにヒュームは次のような形で本質的な論点を指摘した。インフレーションにおいて「金や銀の量の増加が産業にとって有利なのは、貨幣の取得と物価の上昇のあいだの期間、あるいはその中間的状況においてのみである」。ケインズ的な思想が蔓延していくなかで、また読まなければならないのはまさにこの著作である。……

だれかが、将来、ジョン・ローからジョン・メイナード・ケインズにいたるインフレ主義の歴史について書いていただけるとよいと思う。そうなれば、総需要と雇用とのあいだの単純な関係についての信念を無批判に受けいれることで、過去一五〇年にわたり、くりかえしくりかえし、独創性に富む人びとの知的努力が無駄に費やされてきたかがわかるだろう[6]。

ハイエクのケインズ金融政策への指摘は、合理的期待仮説として新古典派にうけつがれた。とはいえ、今もケインズ派の経済学者たちは、インフレが望ましいことは当然であると考えている。それが人間の論理性、あるいは合理性と合致しなくても特に気にしていないのは、実際に人は合理的でもなければ、論理的でもないからだという。

こうして貨幣錯覚の存在、そして経済にインフレが生じている状況こそが、人びとにとって望ましいという考えは、多くの経済実験によっても確かめられてきた。これは伝統的な経済学の理論によるものではなく、むしろ経済心理学、あるいは行動経済学の発展によってもたらされた、実証主義的な知見である。

例えば、自分の給料が同じであれば、一パーセントのデフレが起これば物価が下がっていくので、実質的な所得は一パーセント増加することになる。これは理解できる。さて給料が五パーセント上がり、同時に三パーセントのインフレが生じているとする。これを給料が二パーセント上がり、インフレが〇パーセントである場合と比べてみよう。どちらも実質賃金は二パーセント増えているのだから、人びとが完全に合理的であるとすれば、まったく同じように反応するはずだ。しかし、実験的に学生にどちらを好むかを聞くと、人びとは名目的な給料の増加を好むことがわかっている。

つまり実質的な購買力ではなく、名目的な賃金の上昇が好まれる。自分の賃金が上昇と一般物価水準の上昇が同じである場合、つまり実質賃金が変化していない場合でも、人びとは自分の給料が増加する状況を好むというわけである。

人びとの示すこうした合理的でないように見える選好は、ケインズ派の経済学者が特に重視してきた。ケインズの時代には直感的にはともかく、こうした選好が実際に存在するかどうかはわかっていなかった。しかし現在までには、経済心理を扱う行動経済学者から、数多くの類似の報告が集まっている。政府による経済の調整を当然視するケインズ経済学者にとっては、それが錯覚であれ、インフレが幸福度を増やすのであれば良いのである。

　数多くの実験によって、これは裏付けられている。例えば、ある企業の業績が振るわない場合に、従業員の賃金を五パーセント引き下げることを道義的に許さない人でも、一〇パーセントの物価上昇がある場合には、五パーセントしか賃金を上げないことは許されると答える傾向がある。本当に人びとの反応にこうした違いがあるのなら、インフレ時のほうが企業は賃金調整をしやすくなり、それは失業率を低下させる可能性につながる。

　こうして現在までに、インフレがあるほうが望ましいという常識ができあがった。これにはある程度の意味がある可能性もある。しかし、ハイエクとオーストリア学派の主張を思い返してもらいたい。

　長期的な生産力を決定するのは、知識のあり方と資本財のあり方、活用の度合いである。三〇年の時間を考えるなら、その間には事実上すべての生産設備が更新され、生産知識も格段に進んで変化するはずだ。なんといっても、二〇歳の青年が五〇歳になるだけのまるまる一世代分の時間なのである。

　この間に、かつて一九九〇年に世界の半導体生産の五五パーセントを占めていた日本の半導体は、今では五パーセントしか生産されなくなった。二〇世紀には、ソニーや東芝、パナソニックやシャープなどの家電業界は世界を支配していたが、今はアップル、サムソン、ＬＧ、ファーウェイなどに圧倒されている。こうした大規模な技術的・工業的な変化が、インフレを起こすことなどと関係しているとは到底思われない。

経済の長期的な成長が、政府の法政策・経済政策によって阻害されるということは十分に考えられる。しかし、小手先の金融経済政策によって、テクノロジーの発展と産業構造にまで永続的な影響を与えられるという考えはありそうもない。

デフレ時代の経済成長

こうして考えてくると、インフレと長期的な経済成長の間には何の関係もないことがわかる。歴史的に見ても、少なくとも一九世紀全般を通じて欧米諸国は金本位制をとっていたため、通貨を勝手に増発することはできなかった。つまりはインフレ政策をとることはできなかったが、にもかかわらず経済には産業革命が起こり、人びとの生活水準は急速に向上した。

ハイエクの記述を引用しよう。

> イギリスではおよそ一七一四年から一九一四年まで、そしてアメリカではおよそ一七四九年から一九三九年までの約二〇〇年にわたって、繁栄せる近代的な産業システムの時代であり、金本位制のルールの時代でもある。特筆すべきは、時代の初めと終わりで価格が変わらないのはこの時代をおいて他にないという事実である。この貨幣的安定というユニークな時期には、

金本位制によって金融当局に規律が与えられ、それによって他の時期にはほとんどつねに行使されたような当局の力の濫用が阻まれた。世界の他の地域でもそれほど大きな違いはなかったように思われる[7]。

広く知られているところでは、一九世紀のアメリカでは生産性が向上して商品の生産量が大幅に増えたにもかかわらず、通貨量は一定に保たれた。このような状況では通貨価値が上昇して、大きなデフレが生じる。これは一九世紀全般を通じて起こったが、特に一八七三年から一八七九年の間は、経済の実質成長率は年率七パーセントであったのに対して、商品価格全般には三パーセントのデフレが生じた。

当時アメリカでは南北戦争が終わり、大陸横断鉄道の敷設が完了した。こうした状況で大きな商品生産量の増加があったことは、容易に想像できる。こうした経済の発展にとって、貨幣の量はまったく重要ではなかった。純粋に論理的に考えても、経済の発展が通貨の量と関係していると信じる理由はまったく存在しないが、歴史的にも特に関係がなかったことを知ることも重要なことだ。

かくして短期的な金融政策と長期的な経済成長については、ハイエクの表現に立ち戻ることになる。

すべての世代の経済学者は、政府は短期的には貨幣数量を迅速に増加させることによって、とくに失業のようなあらゆる経済的悪から人びとを救済する力をもっていると教え続けてきた。

残念ながらこれは短期において妥当するにすぎない。短期的には有利な効果をもつように見えるそのような貨幣数量の拡大は、長期的にはさらに大きな失業の原因となる。これが事実である。しかし、短期において支持を獲得することができれば、長期的な効果について気にかける政治家が果たしているだろうか。[8]

繰り返すと、貨幣数量の増減、インフレ・デフレが長期的な経済の発展と無関係なのは当然である。長期的な経済成長はイノベーションの進展と普及によって起きるのであり、一般物価の変化とはまったく関係がないからだ。

念のために、アメリカの過去二〇〇年以上にわたるのインフレ率のグラフを示しておこう［図4］。これはミネアポリスの連邦銀行のサイトにあるデータから作ったものだ。まずは一九世紀のインフレ率を見てもらいたい。この時代にはほとんどインフレは起こっていないし、むしろデフレが進行した時代が長いことがわかる。例外は一八六〇年代であるが、これは南北戦争の戦費調達のために、政府が通貨を増刷したために大きなインフレが起こった時期にあたる。

この時期以外は、基本的にはデフレ基調が続いていることは一目瞭然で

［図4］　アメリカのインフレ率（1800-1900）

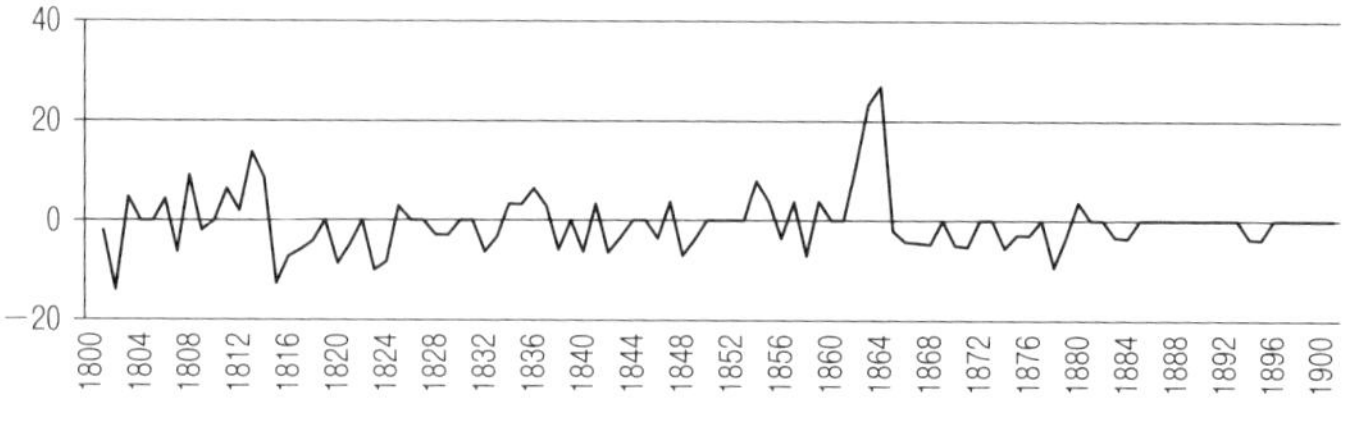

ある。一九世紀のアメリカは、イギリスから始まった産業革命が本格的に普及したために、労働生産性は大きく向上した。それに対して、特に一九世紀の広範の通貨制度は基本的に金本位制がとられたため、市中量は増加しなかった。結果的に、デフレが続くことになった。

これに対して、次に第二次世界大戦以後のグラフを見てもらいたい［図5］。

この時代は、基本的にインフレ基調であることがわかる。戦後の五年間を除けば、特に一九七〇年代のインフレ率が高い。これは中東から始まった石油危機によって、世界の物価が押し上げられた時期である。

だが、それだけではない。戦後の世界は完全にケインズ主義が主流になり、政府の財政出動や中央銀行の通貨量の拡大が当然視されるようになった。通貨の量が生産性の向上よりも速く増えるなら、インフレになるのは当然だ。

私たち日本人の全員が、戦後の世界を生きてきた。日本では高度成長からバブルの時代まではインフレが続いていたが、その時代の日本は経済も成長していた。反対に、バブルが弾けてからの日本は経済成長もしないし、デフレ基調でもある。そのために、経済の停滞とデフレが同一視されるようになった。しかし、これは単なる錯覚である。

［図5］アメリカのインフレ率（1945-2021）

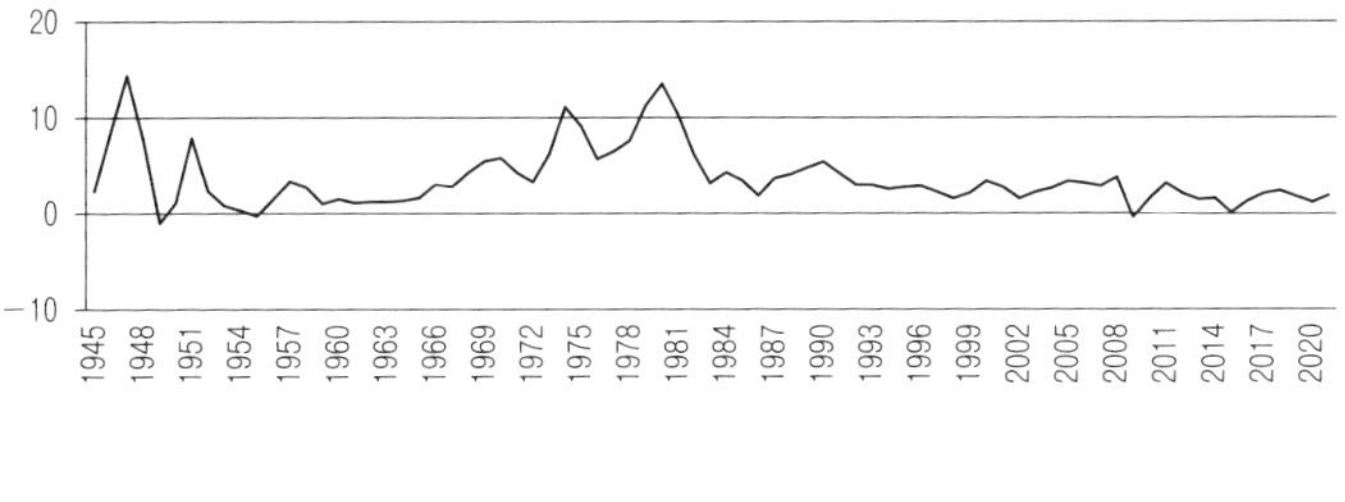

こうしてイギリスやアメリカの歴史を見ればわかるとおり、経済成長はイノベーションがあることで起きるのであって、通貨とは関係していないのだ。

3 すべての通貨はインフレを起こす

仮想通貨による金融革命

これまでにインフレ政策は単なる悪手であって、政治家や銀行業界には都合が良くても、経済に対しては長期的な繁栄をもたらさないことを説明してきた。インフレは政府の発行する通貨の価値の低下だが、その毀損された価値はインフレ税（シニョリッジ）として政府が略奪し続けることができるからだ。

通貨価値は変動する

前述したように、二〇二二年の日本では、現金と銀行預金の残高はおよそ一〇〇〇兆円である。そして政府の借金の総額は一三〇〇兆円程度である。ここで政府が借金を帳消しにするために、とても簡単な方法がある。例えば、年間一〇〇兆円ずつ日本銀行から政府に現金、あるいは預金を無償で与えるのである。

この方法を使い、かつここで単純な貨幣数量説が成り立つ場合、毎年およそ一〇パーセント程度のインフレが生じると考えられる。一〇〇兆円は、現在流通している通貨である一〇〇〇兆円の一〇分の一だからだ。そして、一三年後に政府の借金がなくなる。現在、日本の財政危機に関しては、MMT（Modern Monetary Theory　現代貨幣理論）と呼ばれる考えが流行っている。それは政府の支出を中央銀行がファイナンスするというもので、まさにここで説明した通りの政府支出の捻出方法である。

この方法は、多くの人にとっては新しいもののように聞こえるかもしれない。しかし実際には、歴史的にどの政府も実行してきた常套手段である。例えば、アメリカにおける一九〇〇年の一ドルは、現在の三三ドル以上の価値があった。それが、現在は一ドルの価値しかなくなったということは、つまり通貨価値の九七パーセントが、この一二二年間に政府によって奪われたということだ。この九七パーセントは、隠れた税金、いわゆるインフレ税として、政府によって徴収されたのである。

同じことだが、戦前の日本には、円タクと呼ばれるタクシーがあって、大阪市や（かつての）東京市では、一円で市内のどこまでも行くことができた。おそらく現在の価格にすると、五〇〇〇円から一万円ほどにはなるだろう。戦争に破れた日本は、戦後に通貨を増発したことで大規模なインフレを経験した。それが現在の一円が一万分の一の価値しかなくなった理由である。

もっと古くは、ローマ時代にも貨幣の改鋳が何度も行われた。ネロを始め、多くの皇帝がアウレウス金貨、デナリウス銀貨に含まれる金銀の量を減らすことで、もともと流通していた通貨から、より多くの貨幣を鋳造した。その差額が、戦費として利用されたのである。あるいは元禄時代以降の日本でも、貨幣の改鋳が何度も行われて幕府の財政を支えた。

こうして考えてみると、通貨の価値を政府が支配している場合、政府には常に通貨を増刷して、その財政を賄おうとするインセンティブ（誘引）が働く。それは皇帝の支配する時代でも、あるいは現代のケインズ経済学の支配する民主主義においても、まったく同じである。価値を作り出す「打ち出の小槌」があるのなら、長期的にはインフレを引き起こすとしても、現在の支出を支えるためにそうした手段を使わない手は考えられない。

金本位主義から不換紙幣へ

やや余談になるが、政府が通貨を自由につくりだせるという発想は、近代的というよりはもっと現代的なものだ。現在使われている、まったく何とも交換できない紙切れである不換紙幣が主流になるまでには、いくつかの紆余曲折があったからである。

紙幣がヨーロッパで広く使われるようになったのは、一八世紀からだ。それでも一九世紀までのヨーロッパ諸国では、金と銀と交換できる兌換紙幣が主流であった。イギリスが一八七〇年に金本位制をとるようになると、ドイツは一八七一年、アメリカも一八七三年には金本位制を採用するようになる。それから一九〇〇年にかけては、金本位制のまさに黄金時代であり、中国以外のほとんどすべての国で、金本位制が採用されるようになった。

第一次世界大戦中に、ヨーロッパ諸国は戦費の調達のために、この金本位制度を一時的に停止した。その後、戦間期には一時的に金本位制が復活したが、第二次世界大戦の開始によってこれも停止される。終戦後は、アメリカが圧倒的な最強国家になった結果、戦後のブレトンウッズ体制では、ドルは金と交換されるものの、イギリスのポンドや西ドイツのマルク、フランスのフランなどの各国通貨はドルにだけ交換できるようになった。しかし、この時代のドルと金との交換は政府・中央銀行のみに許された特権であり、すでに民間人がドルと金の交換を求めることは認められなくなっていた。

この制度が完全に終わりを告げるのは、一九七一年に起こったニクソン・ショックである。すでに戦後の経済復興を遂げつつあったヨーロッパ諸国、特にフランスは貿易によって獲得したドルと金との交換をアメリカに要求した。しかし、金の流出を危惧したニクソンは、ドルと金との兌換を中止したため、一九七三年からは各国通貨は自由市場、つまり外国為替市場で取引されてその価値が変動するようになった。

ここにいたって、各国通貨は金とまったく関係のないものになった。特定の国家通貨が通用するのは、その国の経済が作り出す生産物と交換できるからだ。そうした交換価値を裏付けるのは、国家の持つ徴税権力、あるいは国内取引の決済通貨としての機能である。そしてそれらの機能を究極的に支えているのは、特定の国家の物理的な力、つまり警察力や軍事力なのである。

世界中の人びとがドルに価値をおくのは、アメリカという自由経済市場で、将来の取引に使うことで、何らかの貴重な財・サービスを得ることができるからだ。紙幣自体は単なる紙切れであり、それ自体には何の権利もない。この意味で、現代の法定通貨は五〇年以上も前から、すでに「仮想通貨」になっていたのである。

『貨幣発行自由化論』

こうして金という金属の価値と切り離された通貨が、政府によって乱発されるようになるのは必然的だ。戦前のハイエクは、オーストリア学派に属する多くの経済学者と同じように金本位制に復活することが望ましいと考えていた。戦後はケインズ政策の普及とともに、経済学者たちは金本位制という通貨制度がだんだんと時代遅れだと考えるようになった。そしてハイエクも、「長期にわたってかなりよく作用してきた金本位制に戻るという望みはまったく失われた」[9]と認識するようになった。

しかし、ここにいたってハイエクは、国家権力が通貨価値を希少金属の価値に固定するという考えの代わりに、むしろ通貨間の競争によって通貨の価値が維持される可能性があるという提案をするようになった。

まず国家による排他的な通貨発行権に対しては、

二〇〇〇年間の金本位制の時代だけは例外だが、実のところ歴史的にはほとんどの政府が人びとを騙し人びとから奪いとるために貨幣発行の独占権を行使してきた。政府が提供する貨幣を使い続けるほか選択肢がないという状況においては、政府がさらに信頼するに値する存在になるという望みはまったくない。……

あまりにも危険でありやめなければならないのは、政府の貨幣発行権ではなくその排他的な権利であり、人びとにその貨幣を使わせ、特定の価格で受領させる政府の権力である。郵政事業と同じで、このような政府独占は人びとに便宜を与えようとすることに起源があるのではなくて、政府の強制的な権利を拡張しようとする願望に端を発しているにすぎない。このようなことが、為政者とその取り巻き以外になにかよいことをもたらしたかどうかは、疑わしいと思っている。政府が、排他的な発行権を付与されない場合よりも安全な貨幣を提供してきたという信念は、歴史によって完全に裏切られている。[10]

こうしてハイエクは、国家による通貨発行権の独占にはそもそも根拠がないと主張する。さらに西洋諸国間では、イギリスのポンドやアメリカのドルだけではなく、当時のフランス・フランやドイツ・マルクも市場における流通を競わせるのが良いと考えた。そして具体的に、『貨幣の脱国営化論』の冒頭で、次のような極めて簡潔な提案を行う。

ヨーロッパの中立諸国（後にはひょっとすると北アメリカの諸国）も加わることが望ましいが、共通市場の諸国は、全領土内における互いの通貨（金貨を含む）をもちいた自由な取引、あるいは、いずれかの領土内で法的に設立された機関による銀行業の自由な活動を妨げるようないかなる障壁も設けないことを正式な条約によって相互に義務づける。[11]

こうした通貨の相互乗り入れと銀行業の自由化が実現すれば、次のような理由から、各国は自国通貨のインフレを回避するよう努力するだろうという。

かりに、人びとが信用しない貨幣を拒絶することができ、信任できる貨幣を選好することができるとすればどうか。政府が貨幣を濫用するのを避けるためには、これ以上に有効な抑止力はありえない。貨幣供給を貨幣需要より低くし続けるかぎりは、貨幣需要は増大していくだろう。このことを知ることよりも、政府が貨幣の安定性を維持するように誘導する強い誘因はありえない。だから、政府（あるいは金融当局）が貨幣を競争から保護する権力をすべて奪いとろうではないか。もし、貨幣が劣化していることをもはや隠せなくなれば、政府はその発行を制限するほかない。[12]

こうしてハイエクによれば、多くの国家が発行する通貨が流通するなら、長期的にインフレの可能性の高い通貨は、次第に市場で使われなくなり、各通貨間の競争がインフレ通貨を市場から放逐するという。

通貨の発行主体には、安定した通貨価値を維持するようなインセンティブが与えられるため、市場での競争を通じて通貨価値はインフレから守られる。例えば、日本国内の取引でドルと円の両方が同じように使えるのであれば、人びとは長期的にはインフレしない通貨を好むようになるというのである。

さらにハイエクは、こうした競争的な通貨は各国政府によるものだけでなく、私企業も発行することができるべきだと主張した。私的な企業が通貨を発行する場合、その流通から利益を得ることができるため、より競争的な環境が整い、より望ましいからである。

しかし、こうしたハイエクの楽観的な提案とは異なり、実際に各種の通貨間の競争が機能するだろうか。私は、かなり疑わしいと考えている。

現実的には、アメリカや日本、ヨーロッパのような安定した経済を維持している大国では、現地通貨の代わりにドルが流通するという状況は、ほとんど考えられない。自国通貨も十分に信頼性を維持しているし、国際取引は日常的ではなく、取引全体のわずかな割合でしかないからだ。実際に多くの国で外国通貨による取引をする自由が与えられているが、一般人が外国通貨を好んで使うということは一度もなかった。

年に数パーセント程度のインフレでは、人びとはわざわざ外国通貨を使って取引をしたいとは思わない。外国通貨はその残高を維持するのも面倒だし、取引相手もそれを受け入れるという状況がなければ、ほとんど意味を持たないからである。日本でもドン・キホーテではドルや人民元を使うことはできるが、それが一般人にまで広まっているわけではない。

しかし世界を見渡せば、ハイエクが予想した通りの国も数多く存在する。例えば、常にインフレに悩んできたジンバブエでは、すでに国内通貨であるジンバブエ・ドルは流通しておらず、アメリカ・ドルが使われている。同じことは、ベネズエラやエルサルバドルにもあてはまる。あるいはアルゼンチンでは、ペソは使われているが、市場ではドルを使うことができるし、あるいはドルのほうが信頼されている。このことは、ドル建て銀行預金のほうが、ペソ建ての銀行預金よりも多いことからも分かる。

世界各地で、多くの政府が自国通貨の増刷によって、自国民からインフレ税を集めている。こうした現状を止めることは、実際にはほとんど不可能だろう。近代国家は主権国家であり、そこには通貨主権と呼ばれる、通貨の発行権が当然に含まれることが合意されているからだ。

通貨主権を持たない例外的な国として、ヨーロッパ共同体に参加することで自国通貨をユーロに変えてしまったギリシャやスペインなどがある。ユーロの発行権はヨーロッパ中央銀行が持っているが、ドイツなどインフレを警戒する大国があるために、ユーロはどんどん増刷して各国政府に配ることができない。

特にドイツは第一次世界大戦後にハイパーインフレを経験しているため、この一〇〇年間、国民も政治家もインフレを極度に恐れてきたといわれている。こうして通貨を作り出せないギリシャは、自国政府の累積債務を返済することができなくなった。これが二〇一一年のギリシャ危機、さらにスペイン、イタリアなどを含む広範な南欧債務危機が起こった原因である。

こうした例外的な国家はさておき、これまでアメリカや日本、イギリスなどは自国通貨をインフレさせて債務を返済してきたし、これからも続けるだろう。現在の日本の一三〇〇兆円の国家債務は、ＧＤＰの二・五倍を超えている。まともに考えれば、国民全てからその二・五年間の年収を税として集める必要がある。これほどの徴税ができるとは到底考えられないから、最終的に通貨を振り出して生じるインフレでしか返済できない。

ビットコインの誕生

ハイエクは、多様な通貨が発行されることで競争が生じ、それがインフレを抑制する可能性について論じた。しかし、現実には各国政府以外が通貨を発行できる可能性はない。単純に、法的に禁止されているからだ。

政府以外が発行する通貨を認めるということは、通貨の流通量を政府がコントロールできないということであり、それはケインズ的な金融政策の放棄を意味する。少なくともケインズ経済学を信奉する経済学者や、あるいは権力をできるだけ手元におきたい政治家が容認できるものではない。

現在の世界経済では、民間銀行も各国の金融規制に厳格に従っている。そうした規制は預金準備率や自己資本比率など、中央銀行による通貨量の統制にもかかわっている。世界の銀行は免許業務であり、独自通貨の発行など夢のまた夢である。そうした起業家的な冒険に出れば、儲けの大きな免許を奪われるだけだからだ。

しかし、こうした状況に地球人の全員が納得しているわけではない。例えば、日本では私が一〇〇万円以上を誰かに送ろうとするなら、その送金主体は銀行でなくてはならないという銀行法がある。つまり、報酬をもらって価値を送るということが個人には許されていないのだ。もちろん、国際送金を行うのも銀行でなくてはならない。よくフィリピン人やブラジル人が故郷の家族に送金するために別の同郷人に頼むという話を聞く。これが、いわゆる「地下銀行」と呼ばれる違法行為の実態である。

しかし、なぜこの程度の経済活動にまで、国家が干渉・禁止する必要があるのだろうか。あるいは、そもそもこうした自由を奪うことが正当なものなのだろうか。許認可された銀行を使わなければ、送金もできないというのは国家によるプライバシーの侵害であり、規制の行き過ぎだろう。

こうして国家による法定通貨の使用の強制は、国家の存在やその規制よりも個人の活動を優先する自由主義者にとっては、不愉快極まりないものだった。こうした状況を暗号理論と、インターネットの活用によって克服しようと試みたのがビットコインである。

ビットコインは二〇〇九年に生まれた。業界でよく使われる言葉では、ローンチされた。しかし、それ以前の一九九〇年代からすでに暗号理論を使って、価値を暗号化して通信する、つまり送金するという着想は存在していた。彼らは基本的に反政府的な価値観を共有していたため、サイファーパンク（暗号パンク）と呼ばれた。政府による通信の検閲を回避するために暗号理論を使って通信を行うという発想は、私的な通貨、つまり価値を送るという行為と同じものだ。

ビットコインが新しかったのは、誰がどれだけの価値を所有しているのかという通貨の台帳を、ネットワークへの参加者全員が共有するというブロックチェーンの技術である。ブロックチェーンは一〇分ごとに更新され、コインの所有者を示すアドレスとその保有残高が記載される。

そのブロックチェーンの書き換えを実行するには、高度な暗号を解くためのコンピューティング・パワーが必要である。最初に暗号を解いたものは台帳を書き換えると同時に、報酬としてコインを受け取る。これはコインのマイニング（採掘）と呼ばれ、台帳を検証して書き換える業者はマイナー（採掘者）と呼ばれる。

ブロックチェーンは共有されているので、そこに記載されている数値を自分に都合良く書き換えるためには、ネットワーク上の計算力の過半数を占める必要がある。これは論理的に不可能なことではないが、少なくともこれまで一度も起こったことがない。そしてコインが普及した現在、ビットコインのマイナーの使用する電力は、スウェーデンなどの小国を超えている。こうした状況が地球温暖化を促進しているという批判はあっても、その半分を動員できる巨大な組織は存在しない。

こうして、国家の支配下にある銀行の介在しない、自律的な価値の交換システムが成立したのである。マイニングによって得られるコインの数はおよそ四年毎に半減し、二〇二二年現在一〇分ごとに六・二五枚が新規発行されている。これまですでに一九〇〇万枚ほどが発行されており、一〇〇年ほど後にその発行残高は二一〇〇万枚になる。そして、それ以降は新規発行が停止する。これによって、インフレが生じることはありえない。むしろコインが実際の取引に使われるようになるにつれて、そしてわずかずつ不明の持ち主が死亡することで、だんだんと通貨価値が上がるというデフレが起こると考えられている。

ここでコインの取引に銀行が介在しないということには、政府による送金の検閲を受けないという意義がある。例えば二〇一〇年、ウィキリークスを運営していたジュリアン・アサンジは、アメリカなどの国家機密情報を公開した。こうした活動は明らかに反国家権力的であったため、彼は

「性的な犯罪の容疑」という形で国際的に指名手配された。

同じように、二〇一三年エドワード・スノーデンは、アメリカのＣＩＡが情報監視網を使って広くアメリカ国民、さらに世界中の通信を検閲していたことを暴露した。彼は即座にアメリカからの指名手配を受けて、現在までロシアに滞在を続けている。

彼のように明らかな国家の犯罪活動を暴く人物は、アメリカ国家から訴追されて亡命を余儀なくされてしまう。彼のような「反国家的な」人物を金銭的に支援するためには、各国の政府から独立した手段、銀行ではない送金手段が必要なことは明らかだ。

こうしてビットコインは二〇〇九年に生まれたが、そうした新しい金融技術を支持したのは、政府からの通信・金融活動の自由を望むリバタリアンだけではなかった。当然ながら、マネーロンダリング規制の対象となっていたような、薬物や銃器などの違法な取引を行う業者も広く利用するようになった。これは、兵器として始まった核技術の転用が、原子力発電として平和利用されるのと同じで、技術というものの利用の仕方には裏表があるということだ。

さらに一般人による大規模な利用が始まったのは、二〇一三年にキプロス島で通貨危機が発生した際である。金融資産に課税するという政府に対して、人びとはビットコインを使って外国に資金を送ろうとし始めた。こうして次第にビットコインと仮想通貨（暗号資産）は、世界中の多くの人びとから、価値の移動手段として真剣に受け入れられるようになってきた。

多元的通貨の併存

ビットコインについては、その初期からの熱烈な信者がいた。彼らはビットコインこそが、インターネット時代の新しい世界通貨として、すべての通貨に取って代わり、世界の基軸通貨になるべきだと考えていたのである。そうした人びとは、ビットコイン・マキシマリストと呼ばれる。

たしかに、ビットコインは圧倒的に斬新なイノベーションであった。しかし、それがコンピュータ・プログラムである以上、そのプログラムを多方面に改良する余地は常に残されている。ビットコインに着想を得て、その取引の書き込み速度を上げるために、ライトコインなどが生まれ、またビットコイン自体もビットコイン・キャッシュなど多くのコインへと分岐してきた。現在ビットコインとして取引されているのは、もともと開発されたプログラムの中でももっとも変化が少なく、実際に数多くの開発者・マイナー、利用者がついているプログラムだ。

さらに、ビットコインが単純に価値を表象するだけのプログラムだったのに対して、その次の世代の通貨プログラムは多様なプログラムを自動的に実行できる機能性コインである。イーサリアムを始めとして、現在までにカルダノ、ポルカドット、ポリゴンなど多くの機能性の仮想通貨が開発されてきた。これらの通貨のネットワーク上では、これまで銀行で行われてきた金融取引が、ある程度自動的に実行することができる。

こうした通貨の数は急速に増えており、すでに市場には一〇〇〇を超える各種の通貨が存在する。仮想通貨で取引できるサイトのほとんどが、ビットコインだけでなくイーサリアムやライトコインも受け入れている。このことから予想される未来は、もしビットコインが現在よりも普及して、一般取引に使われるようになったとしても、それは数多くの通貨の一つでしかないというものだ。

つまり、ドルやユーロなどの法定通貨も含めて、ビットコインやイーサリアム、ライトコインでも取引ができるという状態になるのだろう。現在の日本の支払いでも、現金、クレジットカード、電子マネー、ＱＲコードなど多様な支払いが可能であるように、多様な通貨単位でも瞬時に為替換算されて利用できるようなシステムが主流化すると予想される。

こうしたコインの利用は、今後さらに高度化するだろう。例えば、アマゾンの株式をコインに表象させて、株式トークンと呼ばれる形で世界中に流通させるとしよう。そうすると、これまでのようにアマゾンの株式は、アメリカ証券取引所を経由しなくても、全世界のコイン取引所や、自動化された機能性コインのネットワーク上で売買することができるようになる。

これは実際二〇二一年七月から一〇月まで、バイナンスやＦＴＸという国際的なコイン取引所が実行したやり方だ。バイナンスはテスラやマイクロソフト、マイクロストラテジーなどの株式トークンを次々と発行したが、イギリスやドイツ、日本の金融当局はこれを証券取引法の違反行為であると警告したため、彼らはそうしたコインの取り扱いをやめた。

たしかに、これまで金融証券であった資産をトークン化して流通させるなら、それは資産というよりは、通貨に近い流通性を獲得することになる。通貨管理の視点、あるいは証券管理の視点からは、こうしたトークンの発行と流通を各国政府が認めることはできないだろう。

しかし、こうした規制のあり方は、今まさに起こりつつある金融革命の邪魔をして、単純にそのスピードを下げているだけだ。銀行の活動を自動化することで人手が不必要になるのなら、それを止める必要はない。人間には、人間にしかできない創造的な仕事がある。政府の権力の空洞化を恐れるあまりイノベーションを阻害するのなら、そうした政府権力の動きは明らかに本末が転倒している。

当然ながらハイエクの時代には、デジタル通貨などを想像することはできなかった。彼の議論では、当時から存在したヨーロッパ通貨としてのユーロ構想に対して、非現実的だと反対している。

> 私は、どんな種類の通貨同盟よりは貨幣取引すべての自由化を選びたい。というのは、前者は国際的な金融当局を必要とするが、これは現実的ではないしまた望ましくもないからである。それはまた国家の金融当局よりも信任するに値するとはとてもいえないのである。[13]

これはつまり、現在のヨーロッパ中央銀行は、また別の権力と独自の目的を持つ政府組織でしかないという批判である。ヨーロッパ中央銀行であっても、それはヨーロッパの諸国民の設立した特殊な政府機関である。そして民主主義における政治組織は、人びとの願望から独立することはできない。

これに対して、ビットコインは個人や会社によって維持されているのではない。その普及を支えた理由は、まさにビットコインが、インターネット上のプログラムの共有に参加する無数の経済主体によって維持されていることにある。もちろん、アメリカや中国などの超大国の政府からも完全に独立しており、当然にどの政府からの命令も受けることはない。そもそも、誰が命令を受けるべきなのかもはっきりしない。

そして二一〇〇万枚の上限を明記しており、それはいかなる政治勢力からも独立している。この性質こそが、ハイエクが望んでいた「国家の金融当局よりも信任するに値する」究極的な理由なのである。

> 貨幣独占という古くからの特権を政府から完全に奪うというアイディアは、たいていの人びとにとってあまりにも馴染みがなく、驚くべきことでさえあるので、近い将来に採用される見込みはまったくない。[14]

こうしたハイエクの言葉のとおり、たしかに政府が通貨発行の独占権を手放すことはなかった。しかし暗号とインターネットというテクノロジーが、国家の独占権をだんだんと侵食しつつある。それは法的なものというよりも、まずは事実上起こり始めたのであり、どの時点で各種のコインが法的に追認されるのかは誰にも予想できない。ハイエクが主張したのとはかなり異なった形ではあっても、国家の通貨発行の独占権が崩れたのはなんとも興味深い。

コインという通貨の出現は、まったく紙幣にもとづかないインターネット時代の通貨が到来したことを意味している。本質的に、通貨とは商品交換の媒介物だから、それが金属でもあるいは権利を表す紙切れでも、あるいは政府が流通を法定した紙切れであっても良かった。しかし、これからの将来では、各個人が常にインターネットに接続されることは疑いない。そうすると、一番自然な価値＝通貨のあり方は、セキュリティの確かなオンライン上の数値になるだろう。

ビットコインを基礎づけているブロックチェーンの場合、マイナー同士の計算能力を競わせることで、そうしたセキュリティを確保している。しかし、中央銀行がそのセキュリティを担保して、直接に通貨をコインとして振り出すことも可能である。これが中央銀行デジタル通貨（ＣＢＤＣ）である。スウェーデンは二〇一六年から、Ｅ‐クローナを実験し始めた。また中国もデジタル人民元を流通させるための実証実験を終えており、近い将来に世界の貿易取引で実際に利用できるように準備を進めている。ちなみに中国では、ＣＢＤＣに対抗する可能性のある仮想通貨の取引は、二〇二〇年から全面的に禁止された。

中央銀行デジタル通貨が大手を振る

ＣＢＤＣの構想は、二〇二〇年後半から急速に各国で高まった。例えば、バハマはサンド・ドル、カンボジアはバコンという通貨を発行している。こうした流れがどの程度のスピードで普及していくのかは分からない。そもそも紙幣のベースを持たない仮想通貨が広く使われるようになるのか、あるいはＣＢＤＣのような法定デジタル通貨と併存して使われるようになるのか、どれほどの割合の商業取引がどの通貨によってなされるのかなど、事態は各国の金融法制のあり方にもよるので、今後の変化は見通せない。とはいえ、紙幣を中心とするこれまでのシステムが永続することは、少なくとも政治家や官僚以外、誰も考えていない。

日本では、今も現金決済が主流である。デジタル決済が遅れている状況では、通貨のデジタル化の必要性は低いし、むしろ人びとの日常的な使い勝手が犠牲になるという反対意見も根強く残っているようだ。実際、政府、あるいは中央銀行の発行するＣＢＤＣが普及すると、マネーロンダリングが難しくなるという政府にとっては都合が良く、市民の自由にとっては都合の悪い状況も生じるため、反対意見にも説得力がある。

どの程度の金融規制が、どういった目的のために必要なのか、そうした議論は日本ではまったく起こっていない。日本人は政府がすべてを決めることに慣れすぎているため、デジタル決済で革命を起こそうという起業家が、日本にはまったく存在しないのだ。

かつてフェイスブックは、自社で発行する仮想通貨リブラを世界規模で普及させようとした。アメリカやイギリスなど各国政府からの猛反対を受けて、このプロジェクトは実施できなくなったが、実現していれば、二〇億人のフェイスブックやインスタグラムのユーザーに共通の通貨基盤が提供されて、あるいは世界通貨になったかもしれない。

あるいは、ツイッターの創業者であり、中小企業や個人に対する決済企業であるスクエア（現在のブロック社）のＣＥＯであるジャック・ドーシーは、「ビットコインは世界共通の通貨になる」と明言してはばからない。対して、日本人でそうした確信を持って金融企業を運営している個人はいない。日本では政府に対して常に忖度する必要があり、実際にそれによってさまざまな利権を得ることができる。

万が一にでも政府と仲違いすれば、どこで許認可免許を剥奪されるかわからない。さらには株価操作をしたという嫌疑を受けて逮捕・投獄された堀江貴文のような不利益を被るかもしれない。つまり日本でエスタブリッシュメントであり続けるには、政府と完全に協調するしかないのである。

コインが起こしつつある金融革命は、今後の世界経済の生産性を、産業革命と同じようにゆっくりと、しかし確実に高めていくだろう。日本人がその意義を理解せず、旧来の金融のあり方、政策のやり方にこだわり続けるなら、今後も日本の金融業界の生産性は欧米諸国に比べて低いままにとどまり、相対的な生産性や競争優位は一層下がっていく。有害な規制は新しい産業の勃興を妨げ、能力を発揮するはずの若者のスキル獲得を阻む。

最後の話題として、形容詞としての「通貨性」という概念をとりあげたい。今後はどの国でもＣＢＤＣを中心に複数の通貨が併存して使われることになる。例えば、日本のすべての商店が円を受け取るだろう。この場合、円の通貨性は1である。これに対してビックカメラのような場所では、元やドルなどの他国通貨や各種のコインを受け取ることもあるだろう。そうするとドルを受け取る商店の割合に応じて、例えば三割の店でドルが使えるのであれば、ドルの通貨性は0・3となる。つまり未来の社会に複数の通貨が併存するというのは、現在の複数の支払い方法を選べるのと同じようになるのだろう。

ハイエクによると、

常々、学生に説明すると役立つと思ってきたことだが、貨幣を名詞によって表現するのはいくぶん不幸なことであったし、もし「貨幣《マネー》」という言葉が異なる物事がさまざまな程度にもちうるある特性をあらわす形容詞であるならば、貨幣的現象の説明にとってもっと役立つであろう。この理由により、「通貨《カレンシー》」という言葉はもっと適切である。なぜなら、物事は、さまざまな程度で「通用性《カレンシー》をもつ」ことができるからであり、また、全人口のさまざまな地域や部門ごとに異なる通用性をもちうるからである。[15]

これからも、大国などを中心に法定の国家通貨が使われ続けるだろう。しかしすでにクレジットカードがあれば、かなり高い交換手数料はとられるものの、どの国でも自由に買い物ができる。さらにフィンテックが進むことで手数料が劇的に下がれば、中南米や中央アジア、アフリカなどの多くの国で、ドルやユーロと並んで数多くのデジタル通貨が並行的に使えるようになるのだろう。

Ⅱ

自由の政治

4　自由とは何か

ハイエクの社会思想、法思想を貫く単語は「自由」である。経済学で扱う自発的な交換活動が、そもそもの自由に含まれる。ハイエクの社会哲学では、政治においてもこの自由概念が論理の中心となる。一九六〇年に出版された『自由の条件』は、次の文章から始まる。

> この書物で取りあつかうことは、社会において、一部の人が他の一部の人によって強制されることができるかぎり少ない人間の状態のことである。この状態を、われわれは本書を通じて自由（liberty あるいは freedom）の状態として説いてゆく。[16]

ハイエクは四〇歳までを経済学、特にオーストリア経済学の深化に費やした。五〇代に入ってロンドンのＬＳＥからシカゴ大学に移ったが、それ以降の興味は経済学を越えて、より広い社会哲学へと変化した。その結果として著されたのが、『自由の条件』である。

経済活動は、基本的に売り手と買い手の自発的な合意による契約にもとづくのだから、自由な領域にある。これに対して政治活動というのは、権力者が一般国民をその意思決定に従わせるという意味で、強制的な活動である。その政治の領域の肥大化を限定することで、強制のない自由の確保が可能になると考えたのだ。

自由の発展

「自由」は、たしかに西洋的な概念である。

人間、少なくともヨーロッパの人間は、自由人と非自由人にわかれて歴史に登場している。そして、この区別はきわめてはっきりした意味をもっていた。自由人の自由には幅広い差があったであろうが、それは独立の程度においてのみのことであり、その独立は奴隷にはまったく与えられなかったのである。自由とは、つねに人が自分自身の決定と計画にしたがって行動する可能性を意味し、他人の意志に服従せざるを得ない人の立場と対照をなすものであった。この他人は恣意的な決定によって、特定の仕方で行動するよう、あるいはしないように人を強制することができたのである。古くからの言葉で、この自由をしばしば表現してきたのが、「他人の恣意的意志からの独立」である。[17]

古代ギリシャやローマの歴史を見ると、それは自由民である市民と、その所有物である奴隷から成り立つ社会であった。こうした意味で、ヨーロッパにはその最初期から自由人と、自由を持たない奴隷がいた。また、その中間的な存在として参政権を持たないが、自由な経済活動が認められた人たちもいた。

これに対して、中国や日本にも「奴隷」という概念はあったと思われるが、それに対する自由人という概念はなかったように思われる。あるいは皇帝や王が、あまりに多くの政治的に強大な権力を持っていたために、その領民に与えられた自由度が小さすぎたと考えることもできるかもしれない。そのため、自由人と呼べるほどの市民はいなかったのだろう。

漢語の「自由」という言葉は、明治時代以前から存在していたが、「わがまま」というほどの意味で使われていたようだ。明治時代に入って、福沢諭吉が自由という言葉を現在の意味で使ったことで、今のような翻訳語の自由が定着した。

こうして支配者の恣意的な意志、つまりは勝手なわがままから独立して個人の意思で行動できることが、自由の意味である。ヨーロッパ中世でも、貴族の荘園に属する農奴には家や家財などの所有権は認められたが、移住したり、職業を変えたりする権利がなかった。つまり彼らは、半自由民でしかなかった。

自由の様相

自由を、他人の意志から独立していることだと定義しよう。ヨーロッパ中世の封建領主の支配から、その領民がだんだんと独立していくことで、次第に近代的な自由人が生まれてきた。こうした自由の定義は、古典的自由と呼ぶことができる。

まずここで注意するべきなのは、「自由自在に空を飛ぶ」というような物理的な可能性については、ここで問題にしている政治的な自由ではないということだ。空を飛ぶことは物理法則との関係は意味しているが、個人と別の個人との関係ではないからだ。

ハイエクのたとえでは、クレバスに落ちた登山家は不自由だが、それは比喩的な意味で物理的に不自由ではあっても、その状態は政治的な不自由とは何の関係もない。ここで「自由を奪われている」、「囚われの身である」ということは当然に可能だが、それは政治的自由とはまったく意味が異なる。

こうした物理的な可能性について、自由や不自由という言葉を使うことに対しては、特に注意が必要である。物理的な可能性を広げることが自由の拡張に当たるという考えは、たしかに自然科学的には自然な発想だ。しかし、その言葉遣いを社会での関係に持ち込むことは、議論をまったく無関係な方向、あるいは正反対の方向へと向かわせてしまう。

また、自由は政府への参加の権利、参政権を意味しているわけでもない。こうした自由は、ギリシャ時代の民主制を念頭に、市民的自由と呼ばれることが多い。それは他人の恣意から独立していることとは違うから、やはりハイエクのいう自由ではない。

アメリカに住んでいる日本人は参政権を持っていないが、一般のアメリカ人と同じように自由な生活をしていることは間違いない。そしてまた、一七歳の少年が参政権を持っていないからといって、自由な生活を享受していないということもできないだろう。

次に、「民族の自由」という概念について考えてみよう。一九世紀には、多くの帝国主義国家で、多数民族が少数民族を支配・抑圧していた。民族主義的な考えからすると、そうした場合に、少数民族は「民族の自由」を得るために政治活動を行ってきた。

これはおそらく「民族の独立」、あるいは「民族の自立」というのが正しいのだろう。しかし、たしかにこうした言葉遣いは普通である。それはある集団の政治的な自決権が、他の集団によって妨げられている場合に使われる、集団間の関係についての概念である。これもまたハイエクのいう自由ではない。

他にも、主に哲学者の使う言葉には、「理性が本能を支配しているときに、人間は自由である」というような表現もある。これは内面的な自由であり、一時的で衝動的、感情的な行動をとるのではなく、長期的な目的に沿った活動を行うことを意味している。

最後に、もっとも重要な「貧困からの自由」という言葉がある。これは、物理的な消費などが思うままに自由にできる、あるいは困窮状態にとらわれることがないというものだ。これが特段の重要性をもつのは、社会主義者たちが、古典的自由に代えて人びとに約束した種類の自由だからだ。

市民革命が目指した権力からの自由、経済活動の自由が実現されると、必然的に貧富の格差が生じた。こうした経済格差を否定する貧困からの自由とは、つまりは自由な経済活動の否定につながるのだが、それを新しい自由として宣伝したことが、社会主義が次第に広まっていった理由であった。

貧困から逃れて物質的に恵まれてはいても、他人の支配下にある人は不自由だということは、現実的にも大いに考えられる。

> 贅沢三昧に暮すが君主のいいなりになっている廷臣は、自分の生計を維持することも自分自身の有用な機会を選ぶことさえも困難な貧しい百姓や職人より、はるかに不自由かもしれない。同様に、ある軍隊の指揮の任にあたる将軍あるいは大規模な建設計画の監督はある面ではまったく抑制不可能な巨大な力を揮うかもしれないが、極貧の農夫や羊飼いよりも自由が少なく、かれの上司の一言であらゆる意向や計画の変更をせまられることが多く、かれ自身生活の変更が困難であり、あるいは自分自身にとってもっとも重要なことを決めることが難しいこともあるであろう[18]。

こうしてこれまで述べてきたように、他人の恣意的な意志からの自由というハイエクの定義は、もっとも単純で分かりやすい。それ以外の自由は、あるいは自由と呼べるのかもしれないが、それぞれが相互に矛盾する内容を含んでいるため、容易に論理的な混乱を生みだしてしまう。ハイエクの主張した古典的自由はもっとも論理的に一貫して、整合的な理論を組立てる基礎を与えてくれる。

さてハイエクがこうした分類や説明をしてからも、自由という言葉の意味やその分類、使用法についての論争は続いている。おそらくもっともよく知られているのは、イギリスの社会哲学者アイザイア・バーリンによる、「二つの自由論」である。彼の一九六九年の著書『自由論』では、自由には消極的自由と、積極的自由があるとしている。消極的自由は近代を切り開いた市民革命が追い求めた、「国家権力からの自由」である。それは財産権の保護、思想や宗教の自由、職業選択の自由や、不当な身体拘束などがないことを意味する。

これに対して、積極的な自由は「自己実現の自由」である。自分自身をコントロールするという意味では、前述した哲学者的な自由概念を含んでおり、また民主主義国家では、それは「政治参加の自由」になる。これは、集団の活動を通した自由概念なのである。

バーリンの理解では、民主主義では多数者による積極的自由の行使によって、消極的自由が奪われることがある。そのため、消極的自由の確保には特段の注意が必要なのだという。このバーリンの言葉の使い方では、消極的自由がハイエクのいう自由であり、積極的自由はハイエクのいう自由にはあたらない。

精神的自由と経済的自由

さて二〇世紀に入ると、一九世紀的な夜警国家に代わって福祉国家が支配的になった。すると政府が人びとの経済活動に対しても、介入・干渉することが一般的になる。しかし古典的な自由主義が要請するところでは、宗教や内面の自由と同じように、職業活動の自由も重要視されていた。こうして職業の自由と、各種の社会政策的な職業活動の規制とのあいだには矛盾が生じる。

例えば、現在、世界のすべての国で、医師になるためには医師の国家試験に合格しなければならない。しかし翻って考えてみれば、大学の医学部に通ったり、国家資格を持っていなくても診断や投薬などの医療行為は十分に可能である。一般人による医療行為を政府が禁止するというのは、国家が一般人の職業選択の自由を奪っているのだ。少なくとも、そうした自由を大幅に制限している。

もちろん、これは患者の利益を確実なものとするためだと考えられている。しかし、現在ではタクシーを運転することから荷物の運送、あるいは理美容院やホテルの開業にまで免許が必要になっている。これが本当に消費者の利益になっているのかは、すでに誰の目にも疑わしい。

しかし、こうした経済活動の制限などは、二〇世紀を通じて次第に常識化してきたものである。こうした経済への国家介入は、空気のように当たり前すぎて、その意義を疑うことができないかもしれない。しかし当然のことだが、現状にいたるまでには歴史がある。

大恐慌時代に突入した一九三〇年代のアメリカでは、大統領に当選したローズヴェルトが、全国産業復興法、通称ＮＩＲＡによって多くの社会政策的な規制法を導入しようとした。これが、いわゆるニューディールである。

例えば、企業への生産量や商品価格の命令、労働時間の制限や最低賃金の設定などである。しかし、それらは自由主義経済体制を支えてきた、古典的な経済活動の自由に抵触している。憲法論的に表現するなら、そうした社会政策目的の法律は自由権を侵害する、違憲な法律なのではないかという懸念が生じた。

こうした多くの訴訟が起こされ、三五年からの初期の判決では大多数の政策が違憲だと判断された。しかし、再選を果たしたローズヴェルトを支持する世論はますます高まっていた。そのため、こうした世論にも押されて、三七年以降、最高裁は次第に広範な福祉目的の規制法を容認するようになる。

こうしてアメリカで発展したのが、「二重の基準」と呼ばれる考え方である。

そこではまず、古典的な自由権を、表現や信教、思想、良心などの精神的な自由と、職業選択や経済活動の自由の二種類に分ける。そして精神的な自由は優越的な自由であり、それを侵害するような規制や法律に対しては、より厳格な審査基準を当てはめる。

これに対して経済的な自由に対しては、政府による積極的な政策の裁量を大きく認める。つまり、その侵害が憲法に違反するかどうかについても、比較的に緩やかな基準を使って判断するのだ。これは、もちろん積極的な福祉国家の理念と適合するからだ。それだけでなく、政府による経済的な自由権の侵害が合目的的でないような場合には、精神的な自由が確保されていれば、有権者によって矯正されるだろうと主張されてもいる。

こうして二〇世紀の後半になると、経済的自由はいわば精神的自由よりも一段劣る自由となった。その法的な保護についても、各種の福祉的な政策目的との兼ね合いで、制限されることは当然であるという認識が広まったのである。

ハイエクは、こうした風潮に異を唱える。

探求と信仰の自由や言論の自由はその重要性が広く理解されているけれども、さまざまな新しい真理が発見される過程の最後の段階で重要な意味をもつにすぎない。行為の自由の価値を犠牲にして知的自由の価値を称賛するのは、大建築物全体のうち最後の仕上げの部分を取りあげているようなものである[19]。

つまり、人間に各種の行為の自由がなくては、知的な自由も十分には発揮されない。なぜなら、抽象的な知識であったとしても、それは単なる思索だけで得られることはあまりなく、むしろ、具体的に何らかの日常的な活動を起こした結果として、実感・納得・理解されることがほとんどだからである。

自由の重要性は自由が可能にする行動の崇高な性質に依存するのではない。行動の自由は取るにたらない事柄においてさえ、思想の自由と同様に重要である。行動の自由を「経済的自由」と呼んで軽蔑することが一般の慣例となっている。しかし、行動の自由の概念はその一部である経済的自由の概念よりはるかに広い。さらに重要なことには、単に「経済的」と呼びうる行動があるのか、また自由にたいするなんらかの制限を単に「経済的」側面と呼ばれるものに限定しうるかはすこぶる疑わしい。経済的に考えるとは、単に相異なる目的を調節・調整することを考えることであって、結局は経済的な目的というのはない[20]。

一般にインテリは、表現の自由などの精神的な自由を、金儲けにすぎない経済活動よりも重視する傾向がある。それは、まさに彼らがインテリである理由なのだろう。しかし、多くの一般人にとっての知的活動は、人間としての活動のほんの一側面、一部分でしかない。

そして、職業生活に費やす時間のほうが圧倒的に長く、人生にとっても重要な意味をもっている。そうした活動の目的が「経済的」である、あるいは「金儲け」だという言葉を使って蔑み、簡単に制限してしまうという態度は、インテリ特有の知的な驕慢・傲慢そのものである。

自由の確保と産業保護政策の違い

ハイエクは人びとが自由な活動を行うために必要となる社会基盤、つまりインフラについては当然に政府が構築・運営する必要があると考える。例えば、度量衡の提供や測量・土地登記、基礎的な教育や信頼できる通貨の提供などである。前述したように、晩年のハイエクは通貨の非国有化を構想したが、基本的には金本位制などのようにインフレを起こさない通貨制度が人びとの活動をもっとも安定したものにすると考えていた。

さらに、道路や港湾、衛生保険サービス、都市部の文化施設の維持管理も、政府の役割であることを認めている。その理由は、望ましいことが明白であっても、個々の受益者に料金を課すことが不可能あるいは困難であるために、競争的企業によっては供給されないだろうサービスだからである。

その他にも伝染病の蔓延防止のために家畜を屠殺すること、火事の延焼を防ぐために家屋を破壊すること、汚染された井戸の使用を禁止すること、送電の保安手段や建築物の安全規則などの、安全に関する社会規制は、人びとの活動の自由を担保するために不可欠だと考える。

つまり政府の公共的な役割については、ハイエクは一九世紀的な自由主義者だったのであって、特段に政府活動に批判的だったというわけではない。彼は国有企業の存在についても、それが強制的な独占状態をつくり出さない限り、そしてまた、税金による補助金が投入されない限り、政府の活動として許容されるという。

それでは、どういった政府の活動が排除されねばならないものなのだろうか。ハイエクの言葉によれば、

> （政府の政策は）法の支配が原則として排除する種類のものである。というのは、そういう政策は単に一般的規則を施行するだけでは達成され得ず、どうしても人びとのあいだに恣意的な差別をともなわざるを得ないからである。そのうちでももっとも重要なものは、各種のサービスあるいは商品の供給業と職業の選択、販売の条件および生産または販売される額の統制をめざす政策である。[21]

こうした商品価格の統制は、そのまま生産統制を意味している。その場合、必然的に誰が生産するのかを、政府が自由裁量的に、つまり恣意的に決定することになる。また価格を政府が決定する

ことは、市場における諸条件を無視することになるが、それは長期的には非効率的な生産につながる。

　価格を統制することで、本来的に自由取引市場が持っている、自動的な調整機構は完全に破壊されてしまう。これはハイエクにとっては、もっとも致命的な問題を引き起こす。価格という情報にしたがって、人びとの大規模な経済活動が協調的に調和していることを考えるなら、価格統制によって「見えざる手」はその活動を停止することになるからだ。

　翻って日本の産業政策を見るなら、各種の産業での公定価格こそあまり存在しないが、そのほとんどが特定の業界を保護するための規制である。経産省による中小企業保護、農水省による農家の保護などは典型的な産業保護政策であり、生産性の低い産業をことさらに補助金や規制で存続させている。

　しかし、これは政府による国民の所得の再配分という分配的な正義を目指してはいるものの、その効果としては、市場を利用した速やかな労働力の移動が妨げられる。それは日本の産業構造の変化をできるだけ緩やかにして、結果的に新しい成長セクターに人材が流れないようにしている。

　江戸時代後半の日本の総人口は三〇〇〇万人ほどだったが、彼らの九割は農民だった。残りの一割が商工業を営むか、あるいは全体の支配者であった武士階級を構成していた。そうした社会の生産性とは人が生きることのできる限界的な生産性であり、わずかでも凶作が続けば、即座に人は飢えることになる。実際に、享保、天明、天保時代という五〇年ごとに大飢饉が起きている。

　それが現代の日本では、七割以上の労働者がサービス産業に従事している。農業従事者は日本の二パーセントほど、アメリカではわずか一パーセントでしかない。今後ますますの農業生産が機械化されることで、農業従事者はどんどん減っていくだろう。

こうして考えるなら、全体としての生産性の向上と社会の豊かさの実現には、労働力の配置換えが不可欠であることがわかる。例えば、製造業においてさえも、純粋なものづくりの比重は下がり、機械そのものを動かすためのプログラムの重要性が急速に上がっている。

こうした時代に、日本では自由市場に介入することで、各種の弱小産業や企業そのものを特別に保護するような政策がとられている。それは個人の自由を否定しているという問題をもつだけでなく、社会的な資源の無駄遣い、そして次の成長産業の発展を阻害するという意味で有害なのだ。

5　自由は経済格差を生み出すのか

個人の経済活動の自由を認めるなら、その結果として経済的な成功には差が生まれることは必然だ。ある個人が長期的に経済的に成功するには、生まれもって能力が高い、働いた時間が長い、高いリスクをとって成功した、偶然によって成功した、などの数多くの要因があるだろう。

そして社会主義とは違って、結果の平等を保証しない自由主義社会では、自由を行使した結果、不幸になったと感じることもある。

われわれは自由であっても、不幸でありうることを認めなければならない。自由とはよいことばかりを、あるいは災いの少しもないことを意味するものではない。自由であることは、ある場合には飢える自由、高価な誤ちを犯す自由、または命がけの危険を冒す自由をたしかに意味するかもしれない。われわれの用語の意味では、たえずその場しのぎで心もとない暮らしを送る一文なしの放浪者は、十分な保障とそれなりの快適さを与えられた徴集兵より、たしかに

> より自由である。[22]

自由は、その結果を保障してはくれない。それでも個人が自分の意志で活動できることそのものに、人間的な価値があるということなのだ。

所得の不平等による恩恵

そしてまたオーストリア学派の経済思想から学究を始めたハイエクは、こうした結果の不平等、所得の不平等を容認している。いや容認しているというよりは、むしろ所得の不平等に積極的な意味を与えて肯定する。

ヨーロッパ社会に代表される先進国では、最初に富裕層によって各種の商品が試され、生産技術が確立した。それによって、次の世代の豊かではない人たちに、それらの商品や娯楽が安価に供給されることになった。こうして所得格差の存在は、むしろ豊かな社会における財やサービスの探索・発見、それらの生産技術の向上・発展に役立ったというのである。

> 今日、もしアメリカあるいは西ヨーロッパにおいて、比較的貧しい人びとがかれらの所得のかなりの部分を費やして、自動車や冷蔵庫やラジオを所有したり、あるいは飛行機で旅行することができるとすれば、それは過去にもっと多くの所得のある他の人びとがその時には贅沢で

> あったものに支出することができたから可能になったのである。……少数者によって享受され、大衆が夢にも見なかった贅沢または浪費とさえ今日思われるかもしれないものは、最終的には多数の人びとが利用できる生活様式の実験のための出費である。試行され、のちに発展するものの範囲、すべての人に利用可能になる経験の蓄積は、現時点の利益の不平等な分配によって大幅に拡大する。つまり、最初の段階に長い時間を要し、その後に多数がそこから利益を得ることができるならば、前進の割合が大いに増加するのである。……今日の貧しい者でさえ自分たちの相対的な物質的幸福を過去の不平等の結果に負っているのである。[23]

こうしてハイエクは、金持ちが芸術や学問、大衆文化の発展に対して大きく寄与してきたことを評価している。実際に一九世紀ヨーロッパ文化の多様な発展を見るなら、たしかに富豪や起業家的なブルジョワ階級が果たしてきた役割には大きなものがある。

そうした活動を積極的に評価して、所得の不平等を肯定するというのも、また一つの説得的な考え方かもしれない。世代を越えた生産様式の進歩や、あるいは科学の発展に関しては、不平等な所得配分のほうが、平等な社会よりも有利であるかもしれないからだ。

しかし、これはおそらく平等を指向する左派の考える側面ではない。彼らが問題にしているのは、ある一世代の内部における格差であり、あるいは現時点における所得の格差だからだ。現在の特定の所得や所得分布が、各人の能力や働きとどのように関係しており、あるいは正当化されるかという問題は、世代を越えた社会の発展の問題とは違ったものである。

これに対するハイエクの答えは、所得を平等にすることは、経済発展を遅らせることになるというものだ。

意図的な再分配によって不平等を減らし、そして貧困をなくす可能性を考えるには、二通りの方法、すなわち長期的観点と短期的観点の方法がある。ある一定の時点においては、豊かなものから取りあげたものを極貧者に与えることによって、その地位を改善することができるであろう。しかし進歩の隊列のなかの地位をそのように平等化することは上下のあいだの接近を一時的に進めるであろうが、それはまもなく全体の運動を遅らせ、そして長期的には遅れているものをそのままの状態にとどめることになるであろう[24]。

つまり、一世代あたりの平等を追求する政策は、長期的な経済成長に対して有害だということになる。ここからハイエクは、イギリスの戦後に労働党政権が誕生し、「ゆりかごから墓場まで」の福祉政策をとった結果、スウェーデンとともに凋落していったと評価する。それに比べるとドイツはそうした政策をとらなかったからこそ、長期的な経済成長を遂げているという。

さて、意図的な再配分による長期的な悪影響には、また別の種類のものもある。「成功の経歴はどの部分が優れた知識・能力あるいは努力によるのか、またどの部分が幸運な出来事によるのかを決定することはほとんど不可能である[25]」。このことは間違いないだろう。

こうした現実について考えてみるとき、自分の人生の責任を負うのは自分だけであると信じる社会や個人と、偶然によってすべてが決まると考える社会や個人では、全体としての努力や活動の量がまったく異なってくる。それは彼らの生み出す最終的な結果の違いになり、最終的には、社会が達成する豊かさの違いに反映される。

> 人が自分の運命にたいして唯一の責任者であるという信念は、成功したものだけが支持することだとしばしば主張される。この主張の裏には、成功したからこそこういう信念を支持するのだという考えが潜んでいる……その関係は逆であって、人びとがこの信念を支持するからこそ成功すると考えたい。人の成就するいっさいのものが、その努力、技術、知恵にのみもとづくという確信はだいたい誤っているだろうが、その確信は人の気力と慎重さにもっとも有効な効果を生みやすい。そして成功者の独りよがりの自慢がしばしば耐えがたくかつ不快であるとしても、成功がまったくその人に依存するという信念はたぶん実践的に見て成功する行動へのもっとも効果的な誘因であろう。これにたいして自分の失策に関して、他人や周囲の事情を非難する傾向に陥ってしまえばしまうほど、ますます不機嫌になり無能にもなっていく[26]。

同じ才能や能力を前提とすれば、人は努力を重視するほどに、成功する可能性が高まる。これは保守的な人びとが信じている価値観であるだろう。もし反対に、努力はほとんど報われることがなく、運や偶然が人生の成功と失敗を支配すると信じているなら、努力をする意味はないのだから、実際に成功する可能性が低くなる。

そして、成功する人が多い社会ほど豊かになるだろう。結局、「自分の努力が重要だ」と信じるような社会ほどに全体として豊かになり、また個人が成功する可能性も高まることになるのである。

分配の正義

こうしてハイエクのいう平等とは、法の下の平等であり、機会の平等ではあっても、結果的な資源配分の平等ではない。こうした価値観は、人間の多様な違いの存在を認める人びとや、あるいは経済活動の自由を広範に認める人々にとって共有できるところとなる。

人びとは各種の労働を供給する結果、市場を通じて生産物の分配を受けることになる。ハイエクは、そうした配分に対して道徳的な基準から、「社会的正義」、「社会的あるいは分配の正義」を期待することは、知的な誤りだと主張した。すべての左翼的な思想に共通する「市場は公正ではない」という糾弾は、そもそも不条理だというのである。

> そうした取り分は、その諸制度が最初に現われたときに、特定の人びとに与える効果が誰かによって意図されていたのでも予見されていたのでもない、一過程の結果なのである……そのような過程に正義を要求することは明らかに不条理であり、社会のある人びとを特定の取り分を得るに値するとして選びだすことは、正しくない。[27]

市場は、人間の知性によって設計された社会主義的な計画経済の場ではない。それは人びとの生活を改善するために次第に発達してきた社会制度であり、実際に生活を豊かにしてきたからこそ存続してきた。そうした活動に結果の平等を求めることが、正義にもとるという主張である。

そして平等な配分という社会正義についても、おそらくもっとも手厳しい批判を加えている。

> 一つの信念がほぼ普遍的に受容されているということは、魔女や幽霊に対する一般的信念がこれらの概念の妥当性を証明しないのと同様に、どれが妥当であることも、あるいは意味をもつことすら証明しない。ただそれが……他の人々を強制する口実となる時には戦わなければならない部類の、疑似宗教的な迷信である。そして「社会正義」への支配的な信念は、当面、おそらくは自由文明の他のほとんどの価値に対する最大の脅威である。[28]

これほどまでに、所得の平等という価値観を強く否定する思想家は、今はもういないのではないかと思われる。おそらく、ある程度の所得の平等という価値観は、現代人のすべて、あるいは政治家がもっているに違いない。

しかし、実際にはどの程度の格差が道徳的に許され、どれほどであれば許されないのかについての客観的な基準はどこにも存在しない。そのため、再分配政策はすべて、現実の場当たり的な政治活動の恣意に委ねられてしまう。このことが大きな問題なのだ。

後述するように、現在の日本は民主主義国家ではあっても、その社会は官僚が資源の過半を支配・指図する福祉独裁国家へと変貌しつつある。それはまさに、高齢者福祉という集団間の格差の是正を目的としたものだが、その配分比率などについてはシルバー民主主義のご都合主義によって決定されている。

また現実には、ある集団内における分配の正義の程度を高めれば高めるほど、その社会は外国人、よそ者に対して排他的にならざるを得ない。能力や努力にかかわらず社会の構成員に対して結果的な平等を保障すれば、より貧しい社会からの移民が大量に生まれることになる。しかし、彼らにも平等な分配をすることには心理的な抵抗が起こる。そのため、そうした移民がやってくることを、結果的に否定せざるをえなくなってしまう。

こうした現象は、二一世紀に入って、イラクやシリアの政治的混乱からヨーロッパに逃れてきた難民にも、あるいは中南米諸国からアメリカへの移民にもあてはまる。あるいは、日本に来ようとする東南アジア諸国民に対しても、日本が移民を受け入れない理由の一つになっている。

個人に対する経済的保護

戦後日本における産業保護は、実際にはもっとも競争力の劣る産業、そしてそこに存在する企業や組織と、従業員の雇用を維持することを目標にしてきた。二一世紀のデジタル経済に突入して、そうした産業政策の弊害は、ますます顕在化している。旧態依然とした産業を守れば、その生産性は停滞し、新しい産業に人材は流れない。ＧＤＰは当然ながら、一人あたり所得も低いままにとどまる。

これまでは、農業や中小企業保護などの政策は、所得の格差の拡大を押しとどめるという役割があるという考えが採られてきた。所得の平等という理想を実現するためには、産業保護政策、規制政策は不可欠だという主張だ。しかし、これはまったく時代遅れな考えであり、経済的に効率的でないだけでなく、国民個人に対して公平な制度でもない。

現在のように変化の速い世界で、現実的な所得の平等や雇用の安定を目指すのであれば、それは北欧型の社会保障政策を採用するべきだ。北欧とは普通スウェーデン、ノルウェー、デンマーク、フィンランドのことを指す。これらの国では、特定の産業を振興しようとする産業政策は基本的に採られていない。世界経済で競争力のない産業、企業は助けないし、企業による従業員解雇も比較的に自由である。

そうすると雇用は不安定になり、失業率が上がるのは当然だ。これに対して、アメリカや日本では単に失業手当を配るだけで、新しい産業で働くための職業訓練はまったく行われない。対して、北欧諸国では、失業手当と同時に職業訓練にも予算を注ぎ込んでおり、失業手当の受給には職業訓練への参加を義務付けていることも多い。これによって、再就職を容易にすることに主眼がおかれているのである。

一九九〇年代のデンマークで始まったこの制度は、デンマークの失業率の改善に成功してきた。ＯＥＣＤの二〇一九年データを見ると、デンマークの失業給付と職業訓練を合わせたＧＤＰ比率は一・二パーセントであり、職業訓練の予算は〇・三パーセントになる。デンマークでは失業手当の支払いには職業訓練への参加が必要である。そして、カリキュラム内容も労働者としての能力を引き上げることを目的として、経営者団体、労働者団体の協議によって決定されるものを使う。経済は常に変化しているので、カリキュラムが陳腐化しないように、こうした内容は毎年のように改定される。

デジタル化の押し寄せる経済の変化に対応するには、こうしたスピード感が不可欠だ。例えば、デンマークの洋上風力発電の大手企業であるエルステッド（オーステッド）は二〇一〇年までは火力発電が主力事業だったが、一〇年後には完全に洋上風力発電に特化した。こうした高速な事業の転換は、まさに産業保護を中心とする日本では絶対に不可能である。

また、職業訓練では地方自治体も学校運営に参加しており、民間企業も多くの講師を派遣している。こうした官民一体の社会保障制度が背景にあるため、雇用の流動性が確保され、成長産業への労働力の移動が実現する。そうした制度の生み出す安心感によって、国民個人には失業という可能性がありつつも、人びとの感じる幸福度は世界一となっている。

対して、日本の失業給付は〇・二パーセント程度であり、公的な職業訓練は事実上まったく実施されていない。これはアメリカでも同様であり、失業手当が〇・八パーセントもあるわりには、職業訓練という形で個人を支える活動は行われていない。

特に日本の状況では、いったん企業から解雇されたり、仕事を失ったりすると、次の就業は容易ではない。また日本の多くの年長者が、今でも、若者が転職をすることは、我慢強さが足りないことを表しており、転職することそのものが望ましくないと考えているようだ。とすると、従業員の立場からは、会社に存続してもらうために、いくら低賃金になっても、できるだけ雇用を維持してもらいたい。こうして未来のまったくない産業に従事しているとわかっていても、そこから逃げ出すことは現実的ではなくなってしまう。

日本の中小企業の多くは、大企業に比べて労働生産性が半分もないが、これまでも中小企業金融公庫や信用保証制度、さらに税制などによって、政治的に大きな優遇を受けてきた。都市部では、中小企業のオーナーが自民党の主な支持者だったのだから、当然の政策だったともいえよう。

こうして、現在の状況を守るための後ろ向きの産業政策が、関係する有権者から強固に支持されて、生産性の低いゾンビ産業が国家の庇護を受けて存在し続ける。残念なことに、若者の未来への期待も、所属企業に対する満足度も日本ほど低い国は存在しない。

つまり、産業構造が急速に変化し続ける資本主義社会において、人びとの経済的な平等を目指したり、あるいは弱者保護を行ったりしようというのなら、個人をベースにした政策をとらなければならない。実際に失業して困っている個人に対する援助をすることによって、労働者や従業員個人が潜在的な失業に対して安心できるだけではない。弱体化して生産性が極限まで低くなった産業や企業を保護しなければ、そこで働く人たちを低賃金労働に閉じ込め続けなくてもすむ。それは、結果的に労働力の再配置を通じて、経済全体の生産性を高めることができるのである。

人間は古代から、ある人間の活動がどれだけの金銭的な対価を受けるのが「正しい」のか、あるいは「公正」なのかという問いを立ててきた。有名なアダム・スミスの労働価値説では、ある商品の価格はそれを作り出すために必要な労働量に比例するという。例えば、農民が年に一〇〇キロのコムギを生産するとしよう。そして猟師がウサギ一匹を獲るのに一日かかり、年に三六五匹を捕獲する。この場合、コムギ一〇〇キログラムとウサギ三六五匹が同じ価格になると考える。

これは「人間の労働は相互に取り替えることが可能であり、そのつくりだすものは基本的に同じだと評価される」、「そして評価されるべき」だという前提に立った考えである。現代でも、たしかにコンビニでのバイトなどのように、誰でもそれなりに似たようなサービスになるような労働は数多い。この場合には、誰でもできる性質を持つ労働への報酬は、地域の労働需要と供給に応じて同じようなものになるだろう。

しかし、こうした報酬のあり方は芸能や芸術などのクリエイティブな仕事にはまったく当てはまらない。ミュージシャンや画家、映像作家などの仕事はそれぞれの作品が個人として評価され、それは製作にかけた時間とはあまり関係していない。ピカソの絵がいくらで取引されるのかについて考えれば、その価格が作品の製作時間とはまったく無関係であることは明らかだ。

現代は、ＡＩやロボットの急速な発展に特徴づけられる時代である。多くの単純な繰り返し作業については、これからＡＩやロボットが人間に取って代わると予想されている。つまり人間はもっとクリエイティブな作業をすることや、あるいは医療や介護のように人間に固有の複雑さを持つ仕事をすることが期待されている。

おそらく創造性や芸術に関係する仕事では、まったくその対価が異なることになるだろう。そして未来の個人の所得格差は、これからますます一方的に大きくなっていくと予想される。例えば、新しい芸能人であるYouTuberたちが、大金を使って高額商品を買うという動画を作り、大きな人気を博している。

たしかにこうした文化には大衆的で露悪的な側面があり、多くのインテリ、文化人が嫌悪感をもつものだろう。ハイエクは、一九世紀からすでに実業界での成功者が作り出してきた文化に、そうした悪趣味があることを認めている。しかし、それにもかかわらず、そうした新しい大衆文化を禁止することは、次の時代の素晴らしいものを摘み取ることになり、結果的に望ましいものではないという。

> 成金の人たちの見栄、悪趣味および浪費性を嫌う点ではまったく同じ考えをもっているとしてもなお認めなければならないことは、もしわれわれが嫌うものをすべて妨げてしまうとすれば予測できない良いこともまたこのようにして妨げられるわけで、そのほうがたぶん悪いことより多いだろうということである。多数者がその好まないものすべての出現を妨げることのできる世界は、停滞したおそらく衰えゆく世界であろう。[29]

これは、二〇世紀を振り返ると、疑いのない事実である。第一次世界大戦時にロシア革命で生まれたソヴィエトをはじめとして、東欧諸国や中国などに多くの社会主義国が生まれた。彼らは、軍事的にはある程度アメリカと渡り合うことができたが、市民がその楽しみを享受できるような大衆文化は何一つ生み出さなかった。

二〇世紀のアメリカと西洋諸国は、ジャズやロック、ハリウッドの映画や、ジーンズからスニーカーにいたる多様なファッションなどの新しい文化を生み出した。反面、世界に広まるような新しい文化がソヴィエトや東側諸国から生まれることは、一度としてなかった。

社会主義では各種の文化への資源配分のあり方やそれらの望ましさについても、高齢の政治的な指導者たちが決める。そしてそうした決定の方法では、新しい芸術の潮流に資源が投入されることはありえない。そのため、人びとが支持するような未来を作り出すようなものは生まれることがない。

ロシアの芸術で素晴らしいものは、ほとんどが帝政期に生まれている。ドストエフスキー、チャイコフスキーやムソルグスキー、ボリショイ・バレエやクラシック音楽の伝統などはすべてがロマノフ朝の栄華を反映したものであり、革命後のロシアから生まれた文化はあったとしても、世界から評価されるようなものではなかった。

中国でも状況はまったく同じである。共産中国は文化大革命ですべての文化を破壊することはあったが、見るべきものをまったく生み出していない。こうした文化の状況を見るだけでも、人間の社会の発展には多様性が必要であり、資源配分を一元的に政治的な権力によって決定することは、長期的には良いことよりも悪いことにつながることがわかる。

最後に、ここ五〇年ほどの日本の漫画やアニメは世界的な評価を受けているが、それらは戦後の日本で花開いた素晴らしい文化だ。現実に、日本人漫画家は世界中で数多くの勲章まで受けている。しかし、それは昭和時代の大人が運営する日本政府によって推進された文化運動ではない。むしろ疑いなく、昭和時代の大人のほとんどが「漫画を読むと、バカになる」と発言し、こうした新しい文化に対して否定的だった。いつの時代でも、どこの国でも政府を運営する大人は、次の時代の主流となる文化を否定するだけだ。

現在のような経済格差が、望ましいものであるとまで主張することはできないかもしれない。しかし、市場による資源配分を、国家権力によって人為的に矯正しようとする試みに大きな副作用があることについては、十分に理解する必要がある。

6 民主主義、その理念と現実

一般的な日本人が漠然と抱いているイメージでは、民主主義は自由主義であり、自由主義は民主主義である。単純に、二つは同じものの言い換えであり、どちらも良いものであるという印象を持っているのだ。それは、戦後長らく政権与党であり続けている自由民主党という政党の名前に、もっとも良く表れているだろう。

しかし、そもそも自由主義とは、政治の理念や社会の価値観に対する名称である。これに対して、民主主義とは政治活動における決め方の原理の名称であり、それらは同じことを意味しているわけではない。

> 自由主義は法がどうあるべきかについての主義であり、民主主義はなにが法となるであろうかを決定する方法に関する一つの教義である。[30]

自由主義的でない政治のあり方は、全体主義である。そして民主主義的な決め方の原理ではないものは、権威主義的な政治決定である。

もっとも注目すべきは、民主主義的な多数決原理に依拠しながらも、まったく自由ではない社会をつくることができるということだ。人びとに許されている行動を列挙したり、あるいは特定の信教や良心のあり方を規定して、それを議会の多数決で国民に強制することは実際に可能である。それは民主主義ではあるのだろうが、明らかに自由主義ではない。

また同時に、絶対王政のような権威主義的な政府が、むしろ政治参加以外の国民の自由を保証することもあり得る。そうした状況は、にわかに信じられないかもしれないが、決して絵空事ではない。

例えば、香港は一九世紀中葉から二〇世紀終わりにかけて一五〇年以上にわたってイギリスの支配下にあった。その間、住民には政治参加は許されていなかったが、自由貿易港としての経済活動には十分な自由が与えられ、イギリス的な法の支配によって統治されていた。イギリスから総督が派遣されていたこの都市国家では、その住民には自治が許されなかったため、いかなる関税もかけることができなかった。逆説的なことだが、その政治経済状況こそが、これまで香港が完全な自由貿易港として、そして金融センターとして大発展してきた理由なのである。

民主主義は自由主義にあらず

こうしてみると、自由主義と民主主義は明らかにまったく別の原理・原則であることが良く理解できる。これを受けて、ハイエクの民主主義に対する評価は次のようなものになる。

> 民主主義はおそらく制約された政府の最善の形態であろうが、もしそれが無制約的な政府に変質するならば馬鹿げたものとなる。民主主義が全能であると公言し、どのような特定の時点においても多数者の望むものをすべて支持する人びとは、民主主義の崩壊のために働いていることになる。古い自由主義者のほうが教条的民主主義者よりはるかに民主主義のよき友人である。というのはかれらは民主主義が機能するための条件を保持することに心を配っているからである。[31]

ここで「古い自由主義者」というのは、古典的自由主義者のことである。そして多数決原理に絶対的に帰依するのが、ここでいう教条主義者である。単純な多数決性を信奉する民主主義では、特定の時点で多数者になれば、どういった制度を採用することも可能になる。それが民主主義そのものの崩壊につながるという。

民主主義は自由な社会を達成するための手段であって、それ自体が目的ではない。民主主義における多数者は何でも決定できるのではなく、社会の共通の規則に従う必要がある。ハイエクにとって、そうした行為規則とは、「個人の自由を自動的に保護する装置」であった。

この文章を一九六〇年の時点で書いていたハイエクが念頭に置いていたのは、ナチスによるドイツの支配であった。ナチスは議会の多数議席を獲得すると、全権委任法を成立させることで、独裁政権を獲得した。こうして多数決原理を常に墨守することは、多数決原理の基礎となる民主主義を掘り崩す場合がある。そのことは、当時の世界にはまだ生々しい体験となって記憶されていた。

しかし、現代の民主主義諸国が抱える問題は、ドイツにおけるナチスのような、完全な独裁権力から押し付けられる強権政治というものではなくなった。むしろ現代の民主主義の特徴は、議会の多数を獲得した政党によって、知らず知らずのうちに大量の法律・規則が人びとの経済活動に押し付けられているというものだ。そして、その一つ一つの法律・規則が、それぞれに特殊な団体のもつ既得権益を維持するという機能を持っている。

例えば、日本の小麦の輸入規制は、圧倒的に大多数を構成する一般消費者に対して、世界市場価格の二倍にもなる関税をかけて、コムギ農家という特殊な団体の利益のために存続している。こうした事態は、民主主義とその採用する多数決原理の発展を支えた啓蒙思想家には、もともと予測されていなかった状況だ。

なお、ウクライナ侵略にともなってコムギ価格が世界的に高騰しているのは事実である。それでも二〇二二年六月現在のコムギの世界価格は一キロあたり五四円ほどだ。それに対して、日本国政府がかけている関税は五五円である。コムギの生産農家数は一万にも満たない。

もちろん、ハイエクはこうした現代的な状況を予想したり、分析したりしていたわけではない。

現代のすべての福祉国家は、民主主義的な決定によって自由の確保だけではなく、もっと具体的で特定の目的を達成しようとしている。しかしハイエクは、そうした特定の福祉目的は行政官の恣意的な決定につながると、注意を促している。

自由主義者は民主主義がそれ自体に制限を課すことを望むが、その制限が民主主義を効果的に機能させ、また多数者が政府の行動を本当に指揮し、管理しうる制限であると信じている。民主主義が自らつくった一般的規則によってのみ個人を抑制するかぎり、それは強制の権力を管理統制する。もし民主主義が一般的規則をより特定のものに向けるときは、それは達成されるべき目的を示すだけとなり、目的を達成させるべき方法についての決定は専門的官吏にまかせることになるであろう。そして多数決が目的を示しうるだけであり、それを成し遂げることは行政官の自由裁量にまかされるべきことがひとたび一般に受け入れられれば、この目的を達成するためのほとんどどんな手段も正当であるとやがて信じられるようになるであろう。[32]

ハイエクが危惧するのは、行政の一方的な肥大化だ。現代のいわゆる行政国家においては、法律は行政に対してひじょうに一般的な目的の実現を要請するようになっている。目的の実現のためには、個別の行政官の裁量が許されるようになり、そこには必ず恣意的な取り扱いが生じる。

例えば、日本での生活保護の受給を認める過程などは、担当する個人に大幅な裁量が与えられている。さらに途上国などでは、これは政治の腐敗の問題にもなっており、各種の汚職につながってもいる。

民主主義による自由の束縛

ここで、ハイエク晩年の自由主義経済学の展開について、若干説明しよう。一九六〇年代に入ると、各種の法律的な規制が、大部分の犠牲のもとに一部の集団の利益を促進していることが、多くの経済学者たちによってはっきりと指摘されるようになった。彼らは公共選択学派と呼ばれ、ヴァージニア大学のジェームズ・ブキャナンやゴードン・タロックがもっとも有名である。

典型的な例としては、日本の農業保護政策がある。もっとも競争力のない農家を保護するために、企業による農地取得を禁止して、産業全体の効率化を阻む。またコメやコムギを外国から輸入することを禁止し、あるいは高い関税をかけることで商品価格を高く維持する。

こうして各種の特殊な利益集団によって、次々と社会規制が増加し、人びとは経済活動の自由を奪われると同時に、より高い料金を支払っている。こうした法制度の問題は現代を生きる人間にとっては、ほとんど自明だが、一九六〇年以前にはそれほど重要視されていなかった。おそらく、こうした理由もあってハイエクは特殊な利権集団による規制の増大と、それによる個人的な自由の侵害を強調してはいなかった。

しかし、一九七〇年代に出版された『法と立法と自由』においては、こうした議会制民主主義がもつ欠点に警鐘を鳴らしている。

特定集団に特殊な利益を得させることによって、それらの集団の票を獲得・保持することに主要な関心をもつ成因から成る「立法府」の有権者は、他人が手に入れるものにはほとんど注意を払わず、自分たちが押し問答で獲得するものだけに関心をもつだろう。たいてい、自らの願望が満たされた代償として、第三者を犠牲にして、ほとんど知らない他人に何かが与えられることに単純に同意する。むろんその際、かれらはさまざまな要求が正しいかどうか、少しも考えない[33]。

戦後、分配の平等を目指す福祉国家、あるいは行政国家は、西洋諸国において一貫して肥大化してきた。それは、かつてのナチスや日本軍部と同じような全体主義へとつながりかねない。ここでは詳述しないが、ハイエクはこうした民主主義議会のもつ欠点を解消すべく、『法と立法と自由』において立法院と行政院という独自の二院制を提唱した。それは、現在のような議会のあり方では、自由は維持できないと憂慮したからだ。

考えてみると、単純な民主主義では、過半数の賛成があれば、ほとんどすべての個人的自由を束縛できる。日本での経済活動に対しては、抽象的な懸念を表明するだけで、各種の経済活動を禁止することが広く一般に行われている。

例えば、アメリカで広く利用されているライドシェアの会社に、ウーバーがある。これは一般人が対価をもらって客を運送するという形のライドシェアである。こうしたサービスはスマートフォンが普及し始めた二〇一〇年から営業している。同じように、中国でも滴滴出行（ディディ）という会社が、ごく普通に個人タクシーとして営業している。

日本では、こうしたサービスは完全に禁止されている。いうまでもないことだが、世界中で一日何億回も普通に利用されているサービスが許されないことに、社会正義などと関係するような正当な理由はまったく存在しない。

ライドシェアが許されれば、タクシー業界にとっては運賃や賃金の低下につながり、彼らの不利益になる。その反面、利用者はタクシー業界の損失額以上の大きな便益を受ける。こうしてタクシー業界という特殊な利益集団を保護するために、一般人の利益と自由が犠牲になっている。こうした法律は、タクシー業界が国会議員と国土交通省の官僚に働きかけることで、アメリカでの実用化から一二年が過ぎた今でも、農業保護と同じように永続化している。

さらに日本では、複数の客がタクシーに相乗りすることさえも禁止されてきた。相乗りすることが禁止されていれば、それを実現するためのアプリを開発することはありえない。こうした事業はすべて位置情報にもとづいたマッチングと呼ばれるが、そうしたサービスは日本では発展する機会が奪われてしまうため、そうした産業の未来はすべて外国の企業に奪われてしまう。

まったく同じことは、個人宅をホテルとして利用しようとする民泊サービスに対してもあてはまる。既存のホテル業界には多くのオーナーや従業員がいるため、彼らの利益を優先すれば、民泊サービスを基本的に禁止することになる。

ここでも本質的なところでは、世界各国で普通に利用されているサービスを日本で禁止する必要は存在しない。ホテルや旅館という業界を守るために、個人の営業の自由は規制されて、そうしたサービスの利用機会は閉ざされてしまう。

こうして民泊を行うためのマッチングアプリは、日本では開発されることはない。勃興する産業を禁止することは、直接的に、現在の人びとを貧しいままに押しとどめるだけでない。将来のそうしたサービスに基づく産業、つまり未来の国民の国際競争力も失わせてしまう。

自由を奪う法律――ドローンや自動運転の禁止

最後に、現在の日本では、特定の集団の所得を保障するような平等を目指してさえいないが、にもかかわらず多数者の自由を奪う法律が横行し始めていることを指摘したい。それも当然ながら、民主主義的な手続きに従った法制度である。

その背景として、日本社会が、人類史上経験したことのない高齢化社会を迎えていることがある。二〇二二年現在、すでに人口の半分が五〇歳以上だ。一八歳未満の人口が一五パーセントほどだから、五〇歳以下の有権者の割合は、日本人の三五パーセントでしかない。彼らの投票率は、一般的に高齢世代の半分に満たないので、すべての有効な投票の七〇パーセントほどが五〇歳以上の有権者によるものである。

こうした状況では、政治は高齢者とその予備軍の利益を促進し、彼らの関心に沿ったものにならざるをえない。こうした民主主義のあり方は世界各国で問題視されており、政治学の用語では「シルバー民主主義」と呼ばれている。

日本では、シルバー民主主義が極限まで進みつつある。人はだれでも歳をとれば新しいことに興味を失い、現状維持で十分だと考えるようになる。これは生物学的な事実であり、だれの責任でもない。しかし説明してきたように、こうした人間の性質は日本の「失われた三〇年」をつくり出した。

現在の日本では、航空法などの法律による規制によって、ドローンのすべてを登録する必要があるだけでなく、ドローンを自由に飛ばすこともできなくなっている。それは「自由にドローンを飛ばすことを許せば、落下の危険性が生じるため、公共の危険が生じる」という考えにもとづいている。しかし、二〇一五年、実際にこの法律ができるまで、重大な人身事故や、あるいは損害賠償の必要な事故や事件は起きていなかった。抽象的な危険があると考えられるから、事前に規制が生まれたのだ。

こうした日本人特有の律儀で法律の遵守精神にみちた態度にもとづく禁止法によって、ほとんどの大人、あるいは一六歳以下の子供からは、ドローンに触れる機会が奪われてしまった。それでも、こうした規制は危険な活動をする自由という、抽象的な権利の制限であるため、やむをえないと考える人は圧倒的のようだ。

しかし、ドローンに触れることが基本的に禁止されていれば、単にそれをラジコンとして楽しむ自由が奪われるだけではない。そこからさらに発展するかもしれない航空地図産業、さらには軍事転用などの応用産業の発展もまた、他の国よりも阻まれてしまう。今のところ、そうした応用的な産業は可視化されていないため、規制による経済の窒息は日本人の目に明らかにはなっていないだけだ。

しかし、実際にこうして窒息した産業は存在している。例えば、アップルは二〇一八年にスマートウォッチに光学式の心拍センサーを内蔵することによって、健康状態を管理する機能を搭載した。しかし、これは日本ではその後、二年間提供されなかった。なぜなら、こうした機械は日本では医療機器に該当するために、治験を経た後に、厚生省からの許可をもらう必要があったからだ。

しかし、そもそもまったく身体への侵襲性のない心拍センサーの利用に、なぜ厚生省の許可が必要になるのだろうか。仮にセンサーが完全に正確でないとしても、容易に二四時間のモニターができるなら、不整脈などを知ることもできるし、それによって心臓疾患の診断にも治療にも役に立つ。当然ながら、先行して利用が許された英米では、心房細動などが検出されて人命が助かった例が数多く報告されている。

こうしたセンサーの利用は、二年の間に人命を救助しているだけでなく、アップルには世界中のユーザーから心拍のビッグデータが集まった。その経済的な価値も大きなものだ。アップルと同じようにグーグルも、心拍センサー内蔵のスマートウォッチを製造販売していたフィットビットを買収して社内に取り込んだ。

日本でも、こうした心拍センサーを使ったアプリや健康管理サービスはあるが、先行するアップルやグーグルに追いつけるようなものにはなっていない。こうして日本の医療の過剰な規制の教訓は、助かるはずの命を見殺しにしているだけでなく、次の時代の産業を生み出すことも阻害している。

同じことは、自動車の自動運転についても当てはまる。事故を起こす可能性があるから禁止するのでは、そもそも自動運転のソフトを開発することはできない。二〇二二年現在、自動運転のソフト開発はアメリカと中国が最先端を走っているが、日本ではそうした自動運転の実験をするには、警察庁と国土交通省の厳格な許可が必要だ。つまり、個々の企業が創意工夫を試す環境は、日本には存在していない。

アメリカのテスラ社は二〇二〇年以前から、アメリカの多くの地域で部分的な自動運転を実験してきており、膨大な実験データを集めている。もちろん、こうした実験によって実際に何件もの交通事故、それも死亡事故が起こっている。特に高齢者に訴えがちな日本のメディアは、こうした危険性ばかりを強調してきた。

しかし、これからは二〇三〇年代にかけて、すべての自動車が自動運転車になっていくと考えられている。それらの自動運転は、すべてアメリカや中国製のソフトによって実現することになるだろう。日本の自動車産業は、ボディをつくるだけの完全な下請け企業だけになる。自動車産業、あるいは個人の移動というロボット・タクシー産業から得られる利益のほとんどが、自動車の頭脳であるソフトウェアに集まるだろうからだ。

歴史的に見れば、機関車や自動車、さらに飛行機が普及する過程でも多くの犠牲者がいた。そうした高速移動を可能にするための大きな物理力は、必然的により大きなリスクを伴うからだ。それでも人類は技術を改善することで、現在の豊かな社会を築いてきた。変化から生じる犠牲とリスクの存在しない社会では、何かが発展する可能性はまったく存在しない。

ますます高齢化する日本でシルバー民主主義による多数決を実践していては、現状維持を優先して、新しい試みはすべて窒息してしまう。こうした困難な状況にある日本でこそ、ハイエクが主張したように、民主主義理念を越えた自由主義の理念の理解と実践が必要なのである。

7 社会制度の進化
日本型労働慣行と社会の硬直化

社会哲学者としてのハイエクは、社会制度の生成についても多くを語っている。経済組織や制度などは、人間の活動を通じて自然に発生・維持・強化されてきた。しかし、個別の制度が生まれた理由や目的は、その活動に勤しんでいる個人にとってははっきりしていないことも多い。それは長い歴史的な時間を通じて、人びとのほとんど無意識的な活動として、何らかの社会的な目的にかなうことによって根づいてきたと考えられる。

自生的秩序

歴史の中で、制度や伝統は自然に生まれてきたものである。ハイエクはこうした制度を、政府によって強制されたものではない秩序、つまり「自生的秩序」と呼んだ。

多くの異なる種類の社会制度が、人間の歴史の中では生まれてきたのだろう。それらのうち、歴史的に適合しないものが排除されることで、適合的なものが残る。こうして歴史の途中において制度が生まれ、試されることで、維持され、あるいは滅ぶ。こうして、制度自体が進化的に選択されてきた。

こうして適応的な習慣が次第に形成され、だんだんと次の世代へと受け継がれてきた。人間が現在実践している習慣、技能、伝統、制度などは、各集団が過去の環境へと適応するために生まれ、維持されてきたのだ。

そしてハイエクは、イギリス人の持つこうした伝統的な社会制度への信頼について称賛する。

> 反合理主義的接近方法、すなわち人間を高度に合理的かつ聡明なものとはみなさず、きわめて非合理的で誤りを犯しやすい存在であるとし、その個々人の誤りは社会的過程を通じてのみ訂正されると考え、不完全な材料をできるだけよく活用することを目指す接近方法は、おそらくイギリスの個人主義のもっとも際立った特色であろう。そしてこの反合理主義的接近方法がイギリス思想界において優勢であるのは、主としてバーナード・マンデヴィルの与えた深い影響によるものと私には思われる。反合理主義的接近方法の中心的観念を最初に明確に定式化したのはかれであったのである。[34]

マンデヴィルは『蜂の寓話』という著作で有名な、オランダ生まれの一八世紀初頭の風刺思想家である。ハチの個体はそれぞれに自分のためにあくせくと働いているだけで、巣の全体については特に考えていない。にもかかわらず、ハチの巣は全体として力強く、大いに繁栄している。こうして彼は、「私的な悪徳は、公共的な便益につながる」という主張を行った。

当時は、近代が始まりつつあったとはいっても、圧倒的にキリスト教的な倫理観に支配されていた。良い社会というものは、公共心をもって働く人びとによってつくられるはずだという考えに対する逆説は、イギリスに一大センセーションを巻き起こした。

アダム・スミスの「見えざる手」

明らかにマンデヴィルの逆説の影響を受けて、一七七六年にアダム・スミスは『諸国民の富』を著した。その中でも有名な着想には、各労働者が特定の部分の生産に特化することから生じる分業の利益や、さらに私的な利益を求めて活動する商人たちの活動こそが繁栄する国民経済を支えているというものがある。

私的な利益を求める商人の場合、一人ひとりの労働者や商人は経済全体について合理的に考えて活動しているわけではない。しかし、彼らが集合として活動する結果、その全体としての経済や市場は大きな便益の供用に成功している。スミスの言葉によれば、これは「神の見えざる手」なのであり、人智を超えた天恵だということになる。

われわれが夕食を期待することができるのは、精肉屋や酒屋、パン屋の慈悲の心によるのではなくて、彼ら自身の自己利益を追求していることによるのである。彼らの人道主義ではなく、彼らの自己愛に訴える。われわれ自身の必要性ではなく、彼らの利益について語るのである。[35]

アダム・スミスのこの言葉は、繁栄する経済制度が、それを構成する人たちの個人的な利益の追求によって基礎づけられていることを示している。もちろん、現実の商業活動には客の利益を考える、さらにはもっと公益的な側面も含まれているだろう。

それは「近江商人の三方よし」にあるように、「売り手よし」「買い手よし」「世間よし」というような話になるのだろう。あるいは、現代的にいう「企業の社会的責任」という発想である。とはいえ、主に客の利益のために活動しているのなら、それは福祉関連のボランティア団体であり、商業活動ではない。

さて、こうしたマンデヴィルやスミスの認識は、そのままハイエクの市場への信頼につながる。

ほとんど疑う余地のない主要な論点は、スミスの主たる関心は人間が最良の状態にある時にたまたま達成しうることにあったのではなく、人間が最悪の状態の時に害をなす機会をできるだけ少なくすることにあったということである。スミスやかれの同時代の人びとが擁護した個人主義の主要な長所は、その体制の下では悪人が最小の害しかなしえないということであると主張しても、おそらく言いすぎではないであろう。それはその体制を運用する善人を見つけるか否かによってその機能が左右されるような社会体制ではないし、またすべての人間が現在そ

> うである以上に善人であってはじめて機能するような社会体制でもない。そうではなくて、それはすべての人びとをあるがままの多様で複雑な、時には善人であり、他の時には悪人であり、また時には聡明でありながら、もっとしばしば愚かであるという姿のままで活用する社会体制なのである。スミスたちのめざしたものは、同時代のフランスの人びとが望んだように、「善人と賢人」のみに自由を限定するのではなく、すべての人びとに自由を認めることが可能であるような体制であった。[36]

ハイエクによれば、指導者であるエリート層だけでなく、すべての人びとに自由な活動を許すのが、個人主義の良いところだ。すべての人が善人ではなくても、社会全体としては機能するというのが個人主義にもとづく自由主義だといっているのである。

> 経済学者たちが初めて理解したことは、当時すでに発達していた市場は、人間をかれが理解し得る以上に複雑で広範な過程に参加させる有効な方法であるということであり、また人間が「かれの目的にはまったく入っていない諸結果に対して」貢献するようにさせられるのは、この市場を通じてであるということであった。[37]

こうして市場の働きによって、その参加者たちが直接に目的とはしていないような、資源や財の適切な利用・配分という社会的な目的が達成される。つまり、市場に代表されるような社会制度の直接的な目的や意義は、人びとにとって自明であるわけではない。しかし各種の活動には背景的な意義があり、それが人びとに直截的には明らかでなくても、維持されるべき場合が存在することになる。

そして、市場の価格メカニズムによる生産活動の調整は、社会制度、理性の産物ではない自生的な秩序の典型である。

> もし仮にこの価格メカニズムが作為的な人間の設計の結果であったならば、また、もし価格の変化によって導かれた人びとが、かれらの決定はその目前の目的をはるかに越えた意義をもつものであるということを理解したとしたならば、このメカニズムは人間の知性の最大の勝利の一つとして激賞されていたことであろうと私は確信する。このメカニズムの不運は二重のものであって、一つはそれが人間の設計の産物ではないことであり、もう一つはこのメカニズムに導かれる人びとは通常、自分たちのすることがなぜそうするようにさせられるのかを知らないということである。[38]

こうした主張は、有り体にいえば保守主義にもつながる。長い時間をかけて形成された習慣は、その意味が良くわからない場合でも、維持されるべきであるという思想である。一見して不合理であるから、あるいは合理的な意味が見いだせないからと言って、むやみにそれを否定するべきではないということもできるからだ。

> われわれはその意味を理解せずに公式、記号、規則を絶えず使用し、これらを使用することを通して、個人的には所有していない知識の助力を利用可能にするのである。われわれは、それぞれの領域でこれまでにうまく行くことが立証されている慣習や制度を土台として、これらの習慣的な行為や制度を発展させてきたのであるが、これら習慣的な行為や制度は、われわれが築きあげた文明の基礎になっているのである。[39]

こうした保守的な視点については、また後ほど詳細に検討しよう。

ハイエクの制度進化論

こうして慣習や伝統、言語などは、自生的に生まれ、成長して定着する。そしてこれらの有用な制度は、時代に合わせて進化することによって、有用性を維持する。そうした秩序は、誰かの知性や合理性によって設計されたものではないし、あるいは神のような超越的な存在によって作られるわけでもない。社会状況に適合するように、制度そのものが進化し続けるのである。

> より高度な文明を成就するには、現にわれわれを動かしている観念をそのまま実行するだけでよいと考えるのは間違いであろう。もしわれわれが進歩すべきであるとすれば、われわれは現在の観念と理想についてたえざる修正の余地を残しておかねばならない。修正はその後の経

験によって不可避的に生じるであろう。われわれの中世の祖先、あるいは五〇年前の祖父たちでさえわれわれの現在の生活様式を予測できなかったように、いまから五〇〇年後、あるいは五〇年後ですら文明がどうなるか、またはどうなり得るかを想像することはほとんどできない。[40]

こうして慣習、言語、伝統などが発生して文化として定着し、進化してゆく。ここで繰り返し注意してもらいたいのは、ハイエクは国家の強制力によって制度が深化すると主張しているのではないことだ。国家の強制がない状態で人びとがさまざまな活動を試し、その中でもっとも優れたやり方が残っていくという。

こうした自然的な制度の進化という視点は、おそらくヨーロッパ、特にイギリスに当てはまる。イギリスから始まった市民革命は自由権を確立したし、自然科学を確立・体系化して、また産業革命以降は社会の豊かさを爆発的に増進してきた。これらに伴う社会的な変化は西洋では自然に発生し、そこでは国家が促進した側面があるとしても、その中心となったわけではない。

しかし、西洋以外の諸国、文化圏では、多くの社会制度が近代的な国家によって移植されてきた経緯がある。それは権力による強制であっただろうし、明らかに人為的・人工的であったはずだ。こうして西洋ではない国では、どれだけの制度が固有の伝統から生まれてきたのか、そしてどれだけが接ぎ木として作為的に構築されてきたのかが問題になる。

このままでは極めて抽象的な問題の立て方になってしまうが、ここではもっと具体的な課題を考えよう。それは日本的労働制度、あるいは日本的雇用制度という社会慣行と、それによって引き起こりつつある日本経済全体の危機である。

日本の労働慣行

日本的経営とは、戦後の昭和期の日本で確立した雇用形態であり、終身雇用、年功序列、厳格な解雇規制、高額な退職金制度などをその中核とする。また、職業的なスキルを持たない学生を一括採用し、現場で一からの職業教育を行う。社員は内部者としての正社員と、外部者としてのそれ以外に分かれる。正社員はメンバーシップを持った存在であり、特に職務の内容は特定されないが、転勤などによる滅私奉公が当然視される。正社員以外はパートタイマーや派遣社員であり、彼らは職務内容が規定されたジョブ型の労働者となる。

社員間の給与額の違いは、アメリカほどには大きくない。出世をしなくても解雇されないだけでなく、それなりの給与を受け取ることができる。この労働制度は、極めて内部の平等度の高い制度であった。かつては「窓際族」、今の言葉でいうなら「働かないおじさん」という言葉で、実質的に戦力にならない高齢社員が多くの企業で雇われてきた。

こうした日本型雇用は、戦後からバブル時代までは労働人口の増加などに適合していたと考えられている。日本的経営は雇用の安定に寄与し、会社の長期的な成長を促進したと主張された。バブルの時代には、『ジャパン・アズ・ナンバーワン』などの著作がもてはやされてもいた。

しかしバブル崩壊以降は、日本的経営はむしろ非効率的であるという主張が主流になっている。

減少する労働人口においては、そもそも年功序列は維持できない。なぜなら労働者個人の生産性が下がっているのに、高い年齢になるに従って給料を上げ続けるという給与制度は、会社そのものがだんだんと大きくなることが前提だからだ。

また職務を定義せずに正社員を雇うのであれば、ジョブ型で雇用されている派遣社員が彼らとまったく同じ働きをしても、彼らに同じ給与を支払うことはできない。人生を会社に捧げるような働き方は、女性の育児や介護との両立が難しいため、女性が正社員に留まることが難しい。それはまた女性の正社員化を妨げて低賃金化させ、最終的には出生率を下げることにつながってもいる。

あるいは、すでにこうした日本型の雇用は崩れてしまったなどと誤解している、あるいは誤解させている評論家などもいるようだが、年功序列賃金は今も日本では広く実践されている。そのことを、ここで確認しよう。

無数にある厚生労働省の外郭団体に、労働政策研究・研修機構がある。そこでの公式資料を見るなら、日本の平均賃金が年齢に応じて変化していることは一目瞭然だ。グラフでは一九七六年、一九九五年、二〇二〇年が比較されている。図6-1を見ると、特に男性では、一九九五年に比べて二〇二〇年の賃金変化における年功序列は弱まっている。それでも二〇代前半の一〇〇の賃金に比べて、五〇代での賃金は二〇〇である。

また図6-2を見るなら、少なくとも三〇年間、つまり大卒男性であれば二二歳から五〇代前半までは、勤続年数に応じて賃金が上昇していることも確認できる。これが労働者の平均的な能力を反映しているとは到底考えられないことから、日本全体の雇用慣行として年功序列型賃金が採用さ

[図6-1]　性別、年齢階級による賃金カーブ
[1976年、1995年、2020年]（一般労働者、所定内給与額）

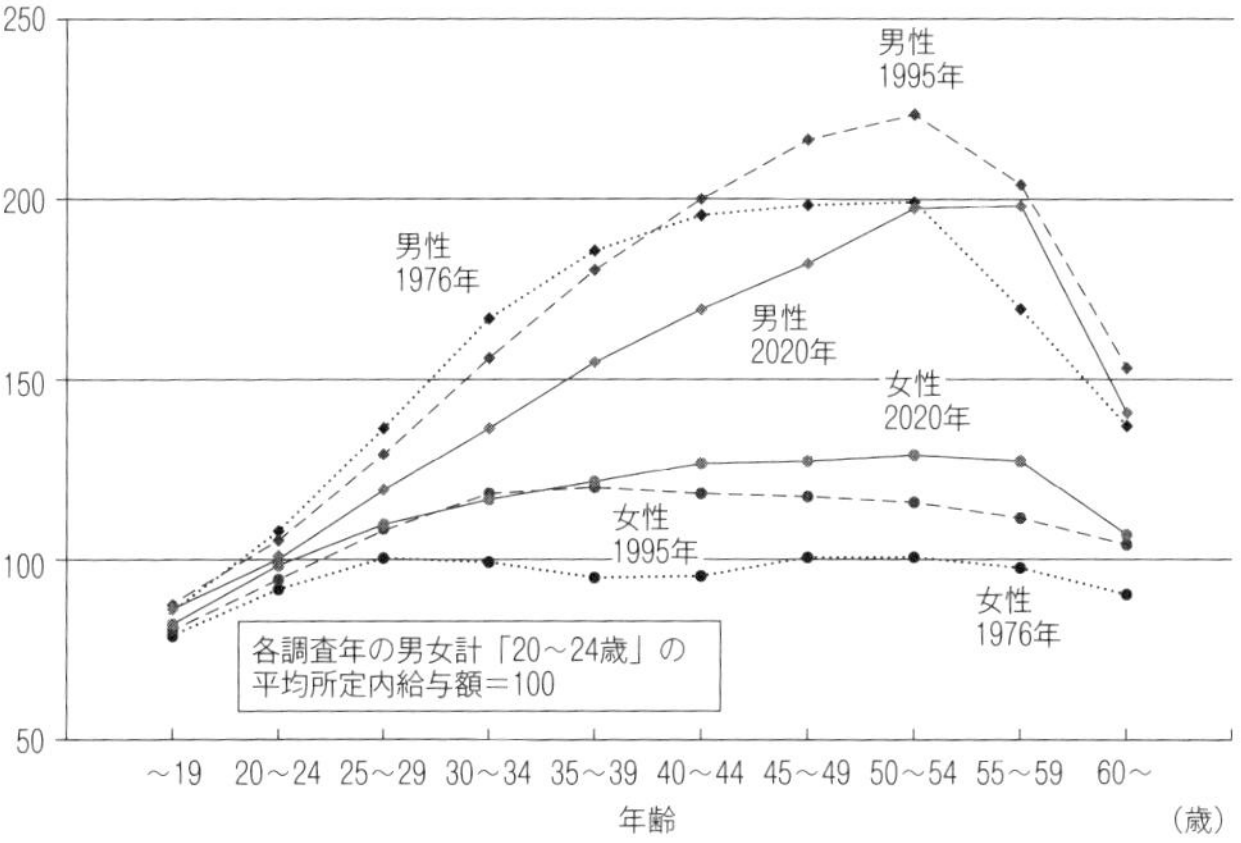

[図6-2]　性別、勤続年数階級による賃金カーブ
[1976年、1995年、2020年]（一般労働者、所定内給与額）

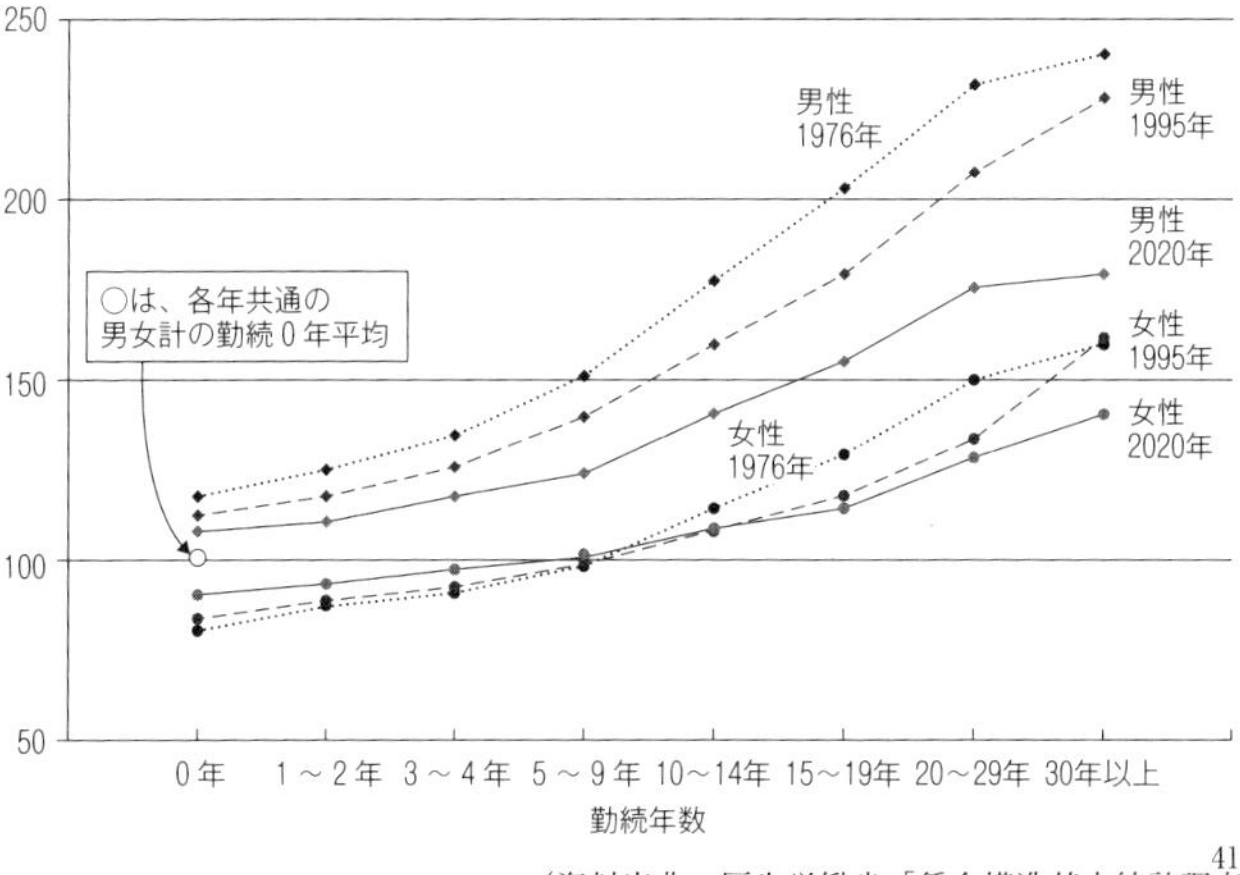

41
（資料出典　厚生労働省「賃金構造基本統計調査」）

れ続けていることがわかるだろう。なお、アメリカやスウェーデンなどの賃金データを見ると、勤続年数は賃金にはほとんど関係していない。つまり、たしかにジョブ型の雇用と賃金支払が実践されているのだ。

さて、こうした日本的経営に対する評価は、いろいろな個人的な立場によって異なる。ごく保守的な人びとにとっては、それは日本的な美徳であり、守るべきものだろう。もう少し合理的、あるいはリベラルな見方からは、それはすでに世界の働き方の基準から外れたものであり、より持続可能な雇用形態への変化が望ましいことになるだろう。

また労働組合のような左翼的な人たちの主張には、日本的経営の年功序列要素は非効率で維持できないが、解雇禁止などの要素は維持するべきだとする考えもある。しかし、解雇の禁止とは、つまりできるだけダラダラと働くホワイト・カラーを優遇しろということだ。日本のホワイト・カラーの労働生産性がアメリカやドイツの三分の二にまで落ち込んでいる現在、これはすでに合理的には支持することはできない。

こうしてさまざまな視点は入り乱れているが、ハイエク的な制度の進化論を当てはめるとどうなるのだろうか？

より優れた慣行を採用する人びとが、劣ったものを採用する人びとに競争で打ち勝つことで、新しく、より優れた制度は定着していく。そうだとすれば、ハイエクは市場で成功する企業のやり方が優れたものなのだと結論するはずだ。少なくとも、そう考えるのがもっとも自然である。

日本的雇用を採用して、解雇せずに平等な賃金を支払う代わりに、成功に対しても大きな報酬はなく、出世も遅いという、これまでと同じような日本的な会社がある。反対に、成功に合わせて出世が可能で、高い報酬も支払うが、業績が残せなければ解雇されるという、外資型の雇用形態をとる会社もあって良い。学生はどちらでも好きな方の会社を選ぶ。それによって、より優秀な人材を集めることができた会社が生き残り、その雇用慣行が一般化することになる。

法制度が社会の硬直化を招くとき

しかしながら実際には、日本の労働市場で、こうしたさまざまな雇用制度、契約形態を試すことはできない。なぜなら、日本的経営を永続化させているのは、人びとの慣習、伝統、価値観などだけではなく、むしろ日本で確立してきた労働法制と判例規範だからである。

そもそも労働契約は民事法の支配領域であるため、原則としては、民法では二週間、労働基準法では一ヶ月前に解雇通知をすれば、当事者はいつでも契約を解除することができるはずだ。しかし、日本的雇用慣行が一般化した一九七〇年代には、会社側の都合による解雇に対しての一連の否定的な判例が出た。

その結果、二一世紀に入ると、労働契約法第一六条には、「解雇は、客観的に合理的な理由を欠き、社会通念上相当であると認められない場合は、その権利を濫用したものとして、無効とする」と定められた。

また日本の判例がつくってきた整理解雇についての法理では、会社の都合による解雇の場合、

「解雇の必要性の検討」、「解雇回避の努力義務」、「労働者側への説明義務」、「解雇基準と人選の客観性」の四つの要件を満たす必要がある。これを平易な日本語で言い換えるなら、会社は従業員の整理解雇ができないということだ。

もちろん、こうして会社側の理由から労働者の解雇を原則として認めないため、現実には多くの企業が解雇部屋などをつくって、陰湿ないじめをすることになる。会社は、不要な労働者に対して、自発的に会社を辞めてもらうという状況をつくるしかないからだ。

こうした状況は、会社側に金銭的な支払いとともに解雇を許すことで解決する。解雇ができるのなら、契約社員を正社員に採用することから生じるリスクは大きく低下する。ＯＥＣＤ諸国での研究では、労働者の解雇規制を強めると一人あたりのＧＤＰが下がり、若年失業率は上昇する。

もっとも働きの悪い労働者を手厚く保護するというのは、平等主義者や社会主義者の理想ではある。当たり前のことだが、そうすることで企業の生産性は下がるし、すべての企業がそうした法的な縛りを受けるのであれば、経済全体も沈滞せざるをえない。

これに関連したことだが、日本企業ではバブル期に大量に採用された世代は多くいるが、バブルの崩壊時に採用された世代はあまりいない。この時代が就職氷河期であり、団塊ジュニア世代では正社員になっている人が少ない。日本では過剰な解雇規制があるために、社会全体で見ても、大きな非効率が生じた。

結論としていうなら、日本的雇用は人びとの伝統に培われた慣習というほどのものではないだろう。それは政府によって、企業活動に押し付けられた法制度によって維持されている。実際に、戦前の日本では転職が極めて一般的だった。これまでの日本型雇用というのは、自生的に生まれた有意義な伝統というよりも、戦後の高度成長期に一時的に生じた特異な雇用習慣である。

これからの日本では、ハイエクのいう消極的な自由を許すことで、契約全体、特に柔軟な雇用契約を採用する自由を取り戻す必要がある。国家による強制的な労働契約への介入がなければ、日本経済の失われた三〇年はこれほど深刻ではなかっただろう。ここでも、自由は人間の潜在力を発揮することにつながり、社会を豊かにする唯一の道である。

8 国家と自由　フランス的理性主義批判

ハイエクによると、有意義な制度の多く、いやほとんどが社会の中で自然に発生してきた。それは個人の理性によって設計されてきたものではないし、あるいは個人の知性によって完全に理解されてきたわけでもない。とするなら、長い時間をかけて形成されてきた伝統的な慣習に対しては基本的には敬意を払う必要があり、一見して非合理的であったとしても、即座に廃止すべきではない。

フランス的理性主義と構築主義

こうした見方に対して、近代以降に発達した啓蒙思想、それに伴う理性的・合理的な思考様式とは、「理性の光に照らして非合理的であるものは、迷信である可能性が高く、否定すべきである」というものだ。ハイエクはこうした思考を「社会的構築主義」と呼んで、生涯を通して徹底的に批判した。

ハイエクによると、こうした思想はデカルトの『方法序説』に書かれた以下のような記述に典型的に見られるという。

> 「多くの独立の部分から構成される仕事に大勢の人びとが従事した場合には、一人の熟練者によって達成された仕事ほどに完全な結果が生まれることはほとんどない。」「半未開の状態からゆっくりとした速度で文明状態に前進し、自らの法律を次々に制定し、いわば特定の犯罪や争いが害をもたらすという経験を通してそれらの法律を適用してきた国々は、共同体としての連合を開始した当初から誰か賢明な立法者を任命することをおこなってきた国々のもつものほどに完全な制度をもつにはいたらないであろう。」「スパルタが過去において傑出していたのは、この国の個々の法律がとくに優れていたことによるのではなく……これらの法律が一人の個人によって制定され、すべて単一の目的に向けられていたという事情によるのである[42]。」

スパルタの法制度は、伝説の王リュクルゴスによって制定されたと伝えられている。デカルトによれば、そのように個人が制定した法律のほうが一貫しており、合理的で望ましいものになる。こうした個人の能力と理性に対する全幅の信頼は、人間理性への懐疑と漸進的な改革を奉じるイギリス経験論、懐疑主義の哲学的伝統とは真逆である。

　こうしてハイエクは、フランス的とも呼ぶべき社会制度の構築主義・設計主義を軽蔑・唾棄し、非難を続けた。

デカルトにとっては、理性とは明示的前提からの論理的演繹であったから、合理的行為も周知の証明可能な原理によって完全に決定されるような行為のみを意味するようになった。ここから必然的に引きだされてくるのは、この意味で真理であるもののみが成功を生む行為を導き、したがって成果を挙げさせるものはすべて、人間がこのようにして抱くにいたった理性の行使の産物であるという結論である。かかる仕方で設計されなかった制度や実践が有用性をもつのは、まったく偶然にすぎないのである。このような考え方が伝統、慣習、歴史一般を軽蔑するデカルト派設計主義の特徴的態度となった。人間の理性のみが新社会の建設を可能にするというのである[43]。

実際、フランスの啓蒙主義はデカルトが典型的であるように、個人の理性を最大限に重視している。そして、その思想的な後継者であったジャン＝ジャック・ルソーなどに見られるように、集団主義的な色彩を帯びてもいる。これこそがフランス革命が急速に社会主義的に急進化していった理由であり、同時に理性崇拝の宗教や、さらには恐怖政治につながった理由でもある。

それはフランス的な合理主義が、社会制度全体の人為的な再構築と親和的であったからだろう。この点に関しては、今でもフランス社会や政治構造は、英米よりも中央集権的・社会主義的な色彩が強い。そして政府による経済統制や介入も当然視されている。つまりデカルトの思想は、今でもフランス社会や政治のあり方に深く根付いているのだ。

エドマンド・バークの主張

　ハイエクに先立って、イギリスではフランス革命やその思想的な基礎となっていた理性主義への批判が存在していた。それは、イギリス特有の懐疑主義・経験主義にもとづいた思想である。もっとも有名なのは、「保守主義の父」とも呼ばれる一八世紀の政治家・思想家エドマンド・バークだ。バークは、『フランス革命の省察』を一七九〇年に著し、フランス革命を導いた急進的な理性主義を辛辣に批判した。

　フランス革命を率いた政治家たちは、ルソー的な啓蒙主義に従って、それぞれの個人的な理性に従って理想的な社会を構築しようとした。バークは、そうした試みを知的な傲慢・驕慢の現れだと考えて、完全に否定した。彼にとって、先祖から受け継いできた伝統や、社会秩序の維持は神聖なものだったからである。

　バークはハイエクに先立って、慣習や伝統、道徳などは世代をこえて社会に受け継がれる存在であり、それは個人の理性から生まれたものではないと考えた。イギリスで発達してきた社会制度とは、コモン・ローや君主・貴族制度と市民の関係、そして教会制度などである。

　これらはすべて古代からの人間社会の紡ぎ出した叡智と、神の摂理が積み重なった結果として生まれた。それが文明なのであり、個人の知性・理性などが到底匹敵しうるものではないという。

　フランス革命では、国王や貴族の特権廃止、立法議会による独裁、理性崇拝の強要、革命暦の採用とキリスト教の伝統の破壊などが実行された。これらは、フランス文化とキリスト教文明の自殺であった。特定の世代の考える理性に従った、それらの性急な政治改革は、旧来の伝統との決別を生み出し、祖先から相続した制度の断絶という害悪をもたらした。理性による伝統の書き換えは軽率な行為であり、個人は自らの理性に対して慎み深くなくてはならない。

こうした理性的な判断に対する懐疑、謙抑性の主張は、程度の差はあっても、多くの人が理解・共感するのではないかと思われる。例えば、現代の思想においても懐疑主義の立場から、人間理性による全面的な文化の革命を否定して、ゆっくりとした漸進的な社会変化のほうが望ましいとする考えは根強く主張されている。例えば、イギリスの社会思想家マイケル・オークショットがその一人である。あるいは科学哲学者であるカール・ポパーは、科学的な探究とは真理へと向かう累積的・漸進的な営為であり、政治的な改良もまた跳躍的な変化ではなく、漸進的な累積であるべきだと考えた。

しかし、その反面バークが肯定した価値観には、現代的な視点からは違和感を覚えざるをえないものもある。例えば、バークは固定的な身分制度を強く肯定している。しかし少なくとも現代的な価値観からは、多くの特権を伴うような世襲の身分制度を肯定することは難しいだろう。

それはともかく、バークはフランス革命が理性主義の行き過ぎであると批判したが、アメリカ独立については理解を示している。それはイギリスの伝統に従ったものであり、一六八八年の名誉革命と同じものだと評価されるというのである。アメリカ独立革命について、ハイエクはバークの意見に賛同している。

運動はその初期においてまったくイギリス人の自由に関する伝統的概念にもとづいていた。エドマンド・バークその他のイギリスの共鳴者たちだけが植民地人について、「単に自由に献身しただけでなく、イギリスの思想に従いイギリスの原則にのっとった自由に献身した」と述べたのではない。植民地人自身も久しくこの見解を取ってきた。かれらは自分たちが一六八八年におけるホイッグ党の革命の原則を支持していたと信じていた。[44]

バークが信じていたホイッグ党の価値観とは、法の支配が確立してゆくなかで、次第に獲得されてきた市民の自由権・財産権を重視するものだった。ここで重要なのは、「保守主義の父」とまで評されるバークの所属していたホイッグ党とは、後の自由党の前身であって保守党ではないことである。

一九世紀の自由党の時代に顕著になった考えではあるが、自由党はブルジョワジーによる資本主義の発展や、宗教的な寛容を肯定していた。この意味で、必ずしもイギリス社会における発展や変化を否定するような保守主義ではなかった。そうした社会の変化と進歩を否定していたのは、主に地主階級が支持していたトーリー党であった。

おそらく世界史において、法の支配や自由権・財産権が、自生的に社会内部から発展してきたイギリスは特殊な存在なのだ。そうした特殊な国であるイギリスの「保守」主義が、その他の国々における、国王や独裁者による政治的な専制を伴いがちな保守主義とどの程度に同じであるのか、あるいは違うものなのかは、個別に考える必要があるだろう。

小さな政府

さて、若干話題の方向性を変えて、人間の理性による支配を全面的に肯定するとどういった政治が望ましいことになるだろうか。仮に、ある天才的な特定の個人の知性によって、世界の働きが完全に理解され、再設計することができ、そして今以上に効率的・倫理的な経済社会が実現するとしよう。そうであるなら、たしかにその社会は現在のものよりも望ましいだろうし、伝統的に行われてきた活動を強制的に停止させ、あるいは変更することも要請されるだろう。

よく考えてみると、これはつまり社会主義の発想だ。社会主義にしてみれば、資本主義は格差が広がる不平等で非倫理的な制度であるから、政府、あるいは当局によって生産を計画化するほうが平等を実現できるという。それだけではなく、一九世紀から二〇世紀中ごろまでの社会主義者たちは、資本主義よりも高い生産性を実現するとも主張していたし、多くのインテリはそうした主張を真に受けていた。

それは理論的な問題としてではなくて、歴史を通じて、実証的な意味で否定された。一九七〇年代までに、社会主義の計画経済においては、はるかに貧しい程度の財の生産・消費しかできないことが、すべての社会主義国の実態から明らかになったのである。

人間の個人的な理性に支配される政府では、豊かな社会を実現することはできない。とするなら、そうした政府による経済への干渉をできるだけ少なくして、個人の活動を自由にすることが、より生産的な社会の構築につながるだろう。これは、普通の言葉でいうなら、個人主義にもとづく「小さな政府」が望ましいということになる。

社会秩序のうちで人間の理性の意識的な産物とすることができ、またそうされるべきでもある部分は、社会のすべての諸力のうちのほんの一部にすぎないということである。言いかえれば、個人主義が強調する点は、作為的に組織され、意識的に方向づけられた権力の具現体である国家は、われわれが「社会」と呼ぶ、はるかに内容の豊かな有機体の小さな部分に留まるべきであるということであり、また国家はその中にあって個人の自由な（したがって「意識的に方向づけられた」ものではない）協力が最大限の範囲で発揮されるような枠組みを提供することのみをなすべきであるということである。[45]

国家は権力をもった存在であり、必然的にその構成員たちの理性によって統括、監督されている。そうした個人の理性による強制力を盲信するのではなくて、人びとの自発的な協力を最大限に活かす個人主義のほうが望ましいのだ。

福祉国家に対する批判の部分でも後述するが、二〇二二年の日本では、すでに国民負担率が五七パーセントにもなっている。これは財務省のホームページに載っているデータだが、その内訳は税と社会保障の負担が四七パーセントであり、赤字国債による負担が一〇パーセントだ。[46] ある労働者の実質労働賃金が一〇〇〇万円である場合に、その手取りは五三〇万円であり、将来の国債返済負担を貯蓄するのなら、可処分所得は四三〇万円でしかない。

ハイエクは小さな政府が望ましいとして、バークの次の言葉を引用している。

「わたくしの意見は、いきすぎた行政にはどんなものにも反対である。そしてとくに当局の側でのあらゆる干渉のうち、もっとも重要なもの、すなわち人びとの生計にたいする干渉に反対である。[47]」

すでに日本では、少なくとも半分以上の資源が政府による指示・命令という決定に従って、強制的に配分されている。いったいこれは、いわゆる社会主義にだんだんと近づいているということでないのだろうか。

ハイエクが批判し続けた社会主義を、狭義の完全で国家的な計画経済だと捉えるなら、たしかに社会主義は時代遅れになった。人びとは、自動車や農産物について、国家による直接的な生産を求めてはいない。しかし、社会の五七パーセントの資源の配分は、徴税と潜在的なインフレ税によって国家が決めている。今後、いっそうの高齢化社会の到来と医療介護費用の増大によって、これは七〇パーセント、八〇パーセントになるだろう。そこで生きる若い労働者にとっては、日本は果たして自由主義にもとづく資本主義社会ということができるだろうか。

9 保守主義の射程

伝統と現代の対立

ハイエクは、世界的に「保守」主義を代表する社会思想家であると評価されている。日本でのハイエク思想の紹介は、伝統を守る思想であるとされることが多い。あるいはイギリスでは保守党、アメリカでは共和党といった保守的な政党の支持者が好んでハイエクを読んできたことも間違いない。

たしかにハイエクの反社会主義・進歩主義の哲学は、保守的な色彩を帯びている。社会主義思想やあるいは福祉国家的な観点から、ますます強大で市民生活に干渉する、大きな政府を求める人びとは、いわゆる左派・進歩主義者である。すると、左派の政策に反対するハイエクは、右派・保守主義者に位置づけられるのは自然だ。

保守主義・自由主義・社会主義

しかしこうした見方は、政治的な思想の流れを、現代における右左という一次元に還元しようとすることから発生する。ハイエクの見解では、これらはむしろ三角形を構成している。社会主義思想という進歩主義を一端とすると、それに対峙するのは保守主義という一角だけではなく、自由主義もまたそれとは別の頂点を構成することになる。

まず図7-1は、通常の左の社会主義と右の保守主義という対立軸と、その中間にある自由主義という認識である。ハイエクによると、これは誤りである。むしろ図7-2が正しい。しかし、それよりもさらに適切なのは、図7-3である。

図7-3では、保守主義は自由主義と社会主義から等距離に位置づけられている。しかしハイエクの認識では、むしろ保守主義は社会主義に引き寄せられているという。

この三つの主義の相対的な位置について一般的に示される姿は、三者の真の関係をはっきりさせるよりも、むしろ曖昧にする。たいてい一直線における異なる位置であらわされ、社会主義者は左、保守主義者は右、自由主義者は中間のどこかに位置する。これほど誤解を招くものはない。もし図式を望むならば、それらを三角形に配置し、保守主義者が一角を占め、社会主義者が第二番目の角に向い、自由主義者が第三番目の角に向うように組立てるのがいっそう適切である。しかし社会主義者は長いあいだより強く引っぱることができたので、保守主義者は

［図7-1］

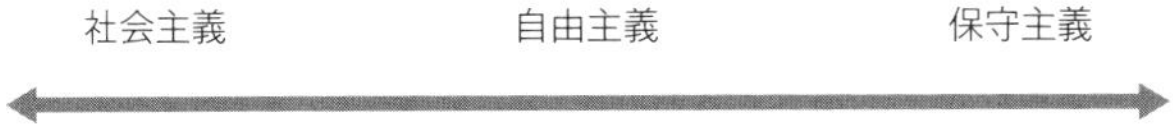

［図7-2］

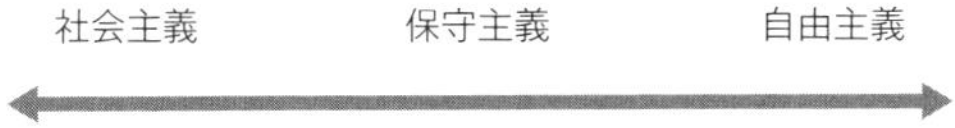

［図7-3］

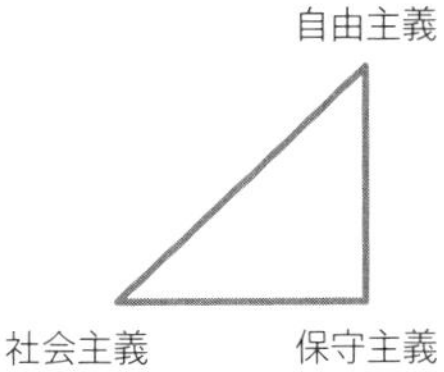

自由主義的方向よりも社会主義的方向に従う傾向があったし、また急進派の宣伝によって尊敬すべきものとされた考え方を適時取りいれてきた。社会主義者と妥協し、その考え方を横取りしてきたのは一様に保守主義者であった。自分自身の目的をもたない中道の主唱者である保守主義者は両極端のあいだのどこかに真理があるはずであるとの信念に従ってきた。その結果、保守主義者はいつのときもいずれの方向にせよ、極端な動きを示したほうへ自分たちの位置を移してきたのである[48]。

つまり、巷間、ハイエクは保守主義思想家であると考えられているが、自分自身としては自由主義者であると位置づけ、それは保守主義者とは大きく異なるとした。これには十分な理由がある。それはハイエクが次に言うように、保守主義には核となる思想が基本的に存在しないことだ。

つまり保守主義とは、各時代ごとに生じる新しい状況やものごとに反対すること、以前の状態を維持しようとする精神性のことだからだ。それは特定の社会と時代において異なったものであるため、普遍的な理念とはなりえない。

> 真の保守主義は激しい変化に反対する、正当で、おそらく必然的な、またたしかに広範に見られる態度である。[49]

こうして現実に生じている新しい社会的な動きが何であれ、それに抗い、その進展の速度を止めることが、その政治的な目的となる。ハイエクによれば、このことが保守主義の限界を画する。

> どんな保守主義にせよ、そう呼ばれるに値するものにたいする決定的な欠点と思われるものをまず述べておきたい。それは保守主義がまれにその本質から、われわれの向かっている方向に代わる別の道を与えることができないことである。保守主義は時代の傾向にたいする抵抗により、望ましからざる発展を減速させることには成功するだろうが、別の方向を指し示さないために、その傾向の持続を妨害することはできない。このため、保守主義はそれ自体の選択によらない道へ引きずられていくことをつねにその宿命とせざるをえない。保守主義者と進歩主義者のあいだの決戦は、その時々の発展の速度にたいして影響を与えることができるだけであって、その方向にたいしてはできない。[50]

歴史的に考えてみよう。伝統的な封建社会が、中世の支配的な社会のあり方であった。それは圧倒的に農業にもとづいており、世襲的な領主がいて農民がいる階級社会だった。貿易には国王による恣意的な許可が必要で、ブルジョワジー、あるいは市民階級と呼ぶべき産業資本家などもいなかった。

この時代の保守とは、国王・貴族や領主の特権と存在を維持しようとする勢力である。封建社会から自由社会への変化の時代では、反自由主義がその信条であった。保守主義が王や貴族などの身分制度や宗教権力を温存しようとしたことは、既存の政治秩序を重視し、それを破壊する傾向を持つ自由貿易や経済活動の自由に対して反対していたことを意味している。こうして中世から近代にかけて自由主義が盛んに提唱され、実現されていった時代には、保守主義者の敵は自由主義者だった。

それに対して近代の自由主義が主張したのは、啓蒙主義にもとづけば身分制度には根拠がなく、人びとの自由や財産権などは政治的な特権による恣意からできるだけ守られなければならないという考えであった。また自由主義は、精神活動や経済活動の自由それ自体を称揚する。

よって、それが既存の宗教的な道徳規範や伝統的な慣習と抵触しても、物理的な害悪が生じない限りは寛容の精神を説く。これはジョン・スチュアート・ミルによって「危害原理」と名付けられたもので、「他人の身体に直接的な危害が及ばない限り、各人はそれぞれに自分の好きな活動を実行できるべきだ」という行動原則である。この原則は事実上すべての自由主義者の共通認識になっている。

ハイエク自身の言葉によると――

> ときどき感じることであるが、社会主義とも保守主義とも違う自由主義のもっとも顕著な特

質は、他人の保護領域を直接侵害しない行為の問題にかかわる道徳的信念は強制を正当化するものではないという見解である。[51]

ハイエクは自らを、自由主義者であると主張し続けた。それは一九世紀のイギリスで、後の保守党になるトーリー党に対抗して、二大政党となっていたホイッグ党が依拠していた立場である。

保守というイズム

こうして社会主義以前には、政治的なスペクトラムには保守主義と自由主義しかなかったため、はるかにわかりやすかった。しかし、これに社会主義が加わると、それらの対立は、はるかに複雑になった。

一九世紀以降は、ルソーなどによる啓蒙主義にもとづく社会主義がだんだんと提唱されるようになった。その時代には、すでに自由主義思想が十分に行き渡っていた。具体的には、ロバート・オーウェン、アンリ・ド・サン＝シモン、シャルル・フーリエなどが始めた共同体実験などが、そうした流れの先駆けであった。彼らは私有財産を否定して、共同体での協働生活・労働などを通じて社会主義共同体を実現しようとした。

こうした社会主義的な思想や政治運動に対して旧来からの自由主義者たちは、社会主義は個人の自由な活動を認めていないとして反対した。しかし保守主義者もまた、社会主義者の主張する急進的な社会改革を恐れて、それに反対するようになった。ここに自由主義と保守主義による反社会主義の共同戦線が成立し、そのためにこの二〇〇年間、だんだんと自由主義者は保守主義者と共闘するようになってきた。

自由主義者と保守主義者の大きな違いは、市場への信頼である。

> 保守主義的な著述家がしばしば認識していたように、保守主義的態度の基本的特性の一つは変化を恐れること、新しいものそれ自体にたいする臆病なほどの不信である。一方、自由主義の立場は勇気と確信にもとづき、どのような結果が生じるかを予想できなくても、変化の方向をその進むにまかせる態度に基礎をおいている。……保守主義者は変化を妨げ、自分たちのやや臆病な心に訴えるものにたいしては、その速度を限定するために政府の権力を使用する傾向がある。将来を見るにあたって、保守主義者には自生的な調整力にたいする信頼が欠けている。自由主義者にはこの信頼があって、適応がどのように成し遂げられるのかを知らなくても、不安なしに変化を受けいれるのである。[52]

こうしてハイエクのいう自由主義者は、最終的に生じる結果がどのようになるかをはっきりと知らなくても、市場を利用した財の配分、輸出や輸入の調整機能を信頼する。これに対して、保守主義者は、そうした自由市場に対して介入行為を正当化する傾向を持つ。

ここで、おそらく古典的な自由主義たちを保守自由主義と呼び、後に生まれるナチスなどを保守国家主義と呼ぶことがわかりやすいだろう。こうした「〜〜主義」という呼び方は、往々にして自己宣伝としてのプロパガンダを含み、逆にわかりにくくなることも多い。これには気をつけなければならないが、ここでは「ハイエクは保守自由主義であったが、彼が非難してやまなかったナチスは保守国家主義であった」と表現することができそうだ。

ハイエクは伝統や慣習といった保守的な要素を肯定しつつも、自由の重要性と可能性を訴えた。このことから彼は、保守的な自由主義だったと考えられる。これに対して、保守的な道徳や慣習、伝統を全面的に擁護しつつ、同時に市場による財の生産・分配を信頼せず、それに代わって国家による経済計画や資源配分の決定を行う社会もある。それがナチスや戦時下の日本であり、彼らは保守的な国家経済主義であったといえる。そして、こうした社会思想は保守国家主義、あるいは保守全体主義と呼べるだろう。

こうして、いわゆる保守主義を二分することによって、多くの誤解が氷解する。例えば、日本では保守政党は、大きな政府を目指すと考えられているが、それは日本の保守思想は保守国家主義者がほとんどだからである。

ところが保守政党であるはずのアメリカ共和党は、民主党よりも税負担を下げて、小さな政府を目指している。イギリスの保守党もまた、小さな政府を志向している。こうした状況は日本人にとっては不可解であるが、保守主義の二分法を使えば、容易に理解できる。アメリカやイギリスで伝統的に支持されてきた保守主義というのは、保守自由主義なのである。そして、アメリカには保守国家主義者はほとんどいない。

ところで戦前の日本は、一般的には保守国家主義への一辺倒であったと考えられている。それは軍部による思想統制と経済統制が、完全に同時に進行したことが原因だ。万世一系の天皇家への忠君愛国思想が強制され、政党を解散させて大政翼賛会に吸収した。また自由な経済活動を否定する国家総動員法によって、すべての生産活動が統制された。このように、たしかに軍政下の日本は保守国家主義であった。

しかし、日本の保守自由主義者たちも戦前には一大勢力となっていた。例えば、情報史学者の江崎道朗によると、彼ら保守自由主義者たちには、藩閥政治に反対した自由民権運動から始まり、明治憲法下において政党政治を確立した憲政会・政友党などの政治家たちが含まれる。[53] 二・二六事件以降、軍部による保守国家主義の独裁政治に陥るまでは、日本にも保守的な自由主義者は数多く存在していた。そうでなければ、明治以来の急速な経済成長は実現しなかっただろう。

産業規制の張本人

新しい産業への対応については、保守主義と自由主義のあいだの各種の政策的な違いは残り続けている。まず自由主義者は経済活動の自由を重視するため、各種の産業への法規制や、あるいは補助金や国際取引への関税などに反対する。これは基本的には、いつの時代でも変わらない。

産業革命以前から存在していたイギリスの保守主義は、穀物生産を基幹産業として保護しようとした。そこには重農主義的な発想もあったのだろうが、一八一五年の穀物法は、ナポレオン戦争後の大陸からの穀物の輸入をほとんど全面的に禁止した。それは一般労働者の犠牲のもとに支配階層であった地主階級を潤すものだったため、大多数の国民の生活水準を下げただけに終わった。

こうした状況に対してコブデンなどの自由主義者たちは、イギリスの農業を外国から守るための穀物法を廃止することに全力をあげた。マンチェスターの資本家であったリチャード・コブデンは一九世紀の前半、ブライトとともに「反穀物法同盟」を結成して、大陸との自由貿易を主張した。

日本だけでなく、アメリカやフランス、オランダなど現代の民主主義国家でも、各種の農業保護政策が行われている。それは一般に保守主義者たちによって、自国の農業文化を守るという建前において制度化されてきた。現実には大多数の一般消費者を犠牲にして、わずかに存在する生産者の特殊な利権を守っている。

どの国でも農業には零細な農家が多いため、弱者保護を唱える左派でさえも彼らを保護することには賛成する。よってこうした農業振興に反対するのは、自由主義者たちだけである。

イギリスの穀物法は一八四六年に廃止されたが、これに対して戦後日本のコメ輸入は永遠に禁止され続けそうである。日本には、農業保護を訴える保守政党や左派政党は存在しても、貿易の自由化を訴える自由主義政党はまったく存在しないからである。

こうした農業保護に対して、一九世紀は完全な産業社会化が全世界的な規模で進行した。二〇世紀初頭までには、さらに資本主義が高度化する第二次産業革命によって、鉄鋼業や石油産業といった重工業で巨大化した企業が出現した。今度それらを規制しようとしたのは保守主義者ではなく、巨大企業の独占的な影響力を恐れた社会主義的・左派的な政治家たちであった。

同じ流れにおいて、二一世紀に入るとアマゾンやアップル、グーグルなどの巨大なＩＴ企業がやり玉に挙がるようになった。彼らプラットフォーマーが独占的な情報産業の基盤となって独占的な利益を得ており、それを規制する必要があるというのだ。こうして一九世紀以降に隆盛した社会主義的な、あるいは左派的な政治勢力は、巨大な企業の影響を危険視して、それらを国家が規制することを正当化する。

こうして見ると、一般に保守主義は農業を保護し、左翼主義は中小企業を保護する傾向がある。そして自由主義の思想では、特定の産業保護は肯定されない。これまでも述べてきたように、産業規制や特定産業保護は経済活動の自由や財産権の擁護とは相容れないからだ。ハイエクを保守主義者として解釈することもできるが、彼が貿易の全面的な自由化を肯定し、同時に民族主義を否定していたことは忘れてはならない。

国家主義と社会主義

こうしてハイエクは、彼の支持する自由主義とは、保守主義と共通するものはあっても、その精神性においては大きく異なるという。むしろ保守主義とは、社会主義と通底するものだと主張するのである。保守主義は民族的な国家主義につながりがちであり、それは国家による国民生活の全面的な支配を容認する点で、共通しているからだ。

一九四四年にハイエクは、一般人に向けた『隷属への道』を著した。それは専門的な書籍ではなく、大衆向けの政治的な啓蒙書として書かれたものだ。その第一二章は「ナチズムの基礎としての社会主義」と題されており、ナチスのドイツ支配が社会主義者たちとの共闘によって、自由主義を駆逐することで実現したと主張している。

> 最近二、三〇年にわたりドイツの支配者たちを誘導してきた教義は、マルクシズムに含まれている社会主義には決して反対していなかった。その教義は、実はマルクシズムに含まれている自由主義的な要素、すなわち、その国際主義や民主主義に対して反対していたのである。そして社会主義の実現を妨げる要因は、マルクシズムが含んでいるこれら後者の諸要素であることが、ますます明白になっていったのにつれて、左派の社会主義者たちはいっそう右派の社会主義者へと近づいていくことになった。すなわち、ドイツから自由主義的な要素をすべて駆逐してしまったのは、右翼と左翼の両陣営における反資本主義勢力の結合であり、急進主義的な社会主義と保守主義的な社会主義との融合だったのである。
>
> ドイツにおける社会主義と国家主義との間のつながりは、当初から緊密なものだった。[54]

こうした記述を総合すると、少なくともハイエクの考えるところでは、社会主義者の精神は保守的国家主義者と近しいことになる。そう考えると、ナチスの経済運営のやり方とソヴィエトの経済運営がきわめて似通っていたことや、どちらも国家的な計画にもとづいていたことが納得できる。

なお、同じことは日本帝国陸軍でも成り立つ。戦前の満州国を支配していた関東軍の経済運営は、軍人官僚たちによる計画経済の側面を強く持っていた。そして二・二六事件を起こした青年将校たちは、私利に明け暮れる経済界の腐敗を打破して、軍による全体主義を確立しようとした。戦時の日本国内の経済運営を担うようになっていた、いわゆる「進歩派官僚」たちも同じように計画経済を実行しようとした。国家主義者が経済を支配するなら、それはほとんど必然的に計画経済にならざるをえない。彼ら軍人というのは、市場を支配する「見えざる手」よりも、自分たちの権力による支配を信頼する心性をもっているからだ。

このように考えるなら、ハイエクが主張するように、どの国でも愛国的な軍国主義は全体主義につながり、その経済が計画経済化することについては社会主義とまったく同じだ。この意味で、ナチスとソヴィエトは同じように自由の敵だったのである。

不合理な慣習の意味

ハイエクは、真の個人主義においては、人間個人の理解できる合理性を越えた慣習が成立することと、そしてそれに意味がある場合があることを認めた。とはいえ、それが不合理であると感じられる場合には、どうするべきなのだろうか。

個人は社会過程に参加するに当たって、つねに進んで諸変化に適応し、知的設計の結果として生まれたものでない諸慣習にも、たとえこれらの諸慣習が個々の場合において正当化しがた

> いものであり、またかれにとってしばしば理解できない、非合理なものと思われるものであったとしても、これらに進んで従う用意がなければならない[55]。

ハイエクはこうして、イギリス的な自由主義は理性や合理性に対する不信を含むという。それは、理性を信仰するフランス的な伝統、あるいは社会主義とは違って、自分が即座に理解できなくても、人びとが続けてきた伝統や慣習に対しては敬意を払って、従う必要があるという考えである。

> 経験主義的な進化論的な伝統にとっては、自由の価値は主に設計されないものの成長のために自由が提供する機会にこそあるのであって、ある自由な社会が有効に作用するのは主としてそのように自由に成長した制度の存在によるのである。もしも成長した制度にたいして……純粋な尊敬がなければ、自由にたいする純粋な信念はおそらく生じなかったであろうし、また自由な社会を操作して成功させる試みもきっとありえなかったであろう[56]。

ある慣習が一見したところ不合理に見えても、その背後には、人知の及ばない合理性が隠れているのかもしれない。例えば、地域の祭りを盛大に行ったり、あるいは西洋であれば教会、日本であれば神社や仏閣に参拝したりすることは、近代的な視点から見ればすでに合理的ではないかもしれない。

しかし、そうした活動を通じてこそ、地域の他の人たちとの一体感が生まれたり、あるいは宗教施設に集う人たちとの親密な友情が育まれたりする。こうした可能性を考えるなら、地域の祭りもあながち不合理ではないのかもしれない。

これはまた、人に挨拶する際には互いに頭を下げて礼をする日本人と、握手をしたりキスやハグをしたりする欧米人の習慣についても当てはまるだろう。

> ある一つの集団内に共通の慣習や伝統が存在することが、そのような共通の背景をもたない集団と比べて、人びとをしてはるかに少ない形式的な組織や強制をもって、人びとのあいだに円滑でかつ能率のよい協力を得させることになるということは指摘するまでもない。……すなわち強制が最小限に留められうるのは、慣習と伝統が人間の行動をおおよそ予見可能にさせている社会においてであるということである。[57]

こうした考察はつまり、そうした慣習そのものには特段の合理性はないかもしれないが、人間同士の活動の予測可能性を高め、社会の一体性と信頼を醸成することに成功しているという説明である。

さて、私がここで展開しているこうした説明は、典型的にすべてに合理主義的な説明をしたがる経済学者が好む種類のものだ。それは結局のところ、知性・理性による制度の合理的な説明の変種にすぎない。言い換えれば、イギリスの懐疑主義的な伝統ではない。

これに対して、ハイエクは制度の背景的な合理性が見通せない場合でも、つまり明らかに不合理に思われる習慣に対しても従う必要がある、とまで主張している。彼にとっては、社会制度の存在意義やその存在の理由などのすべてを、知性によって理解することはできない。そういう考えそのものが、そもそも知的な驕慢なのだ。

さてしかし、社会的に長く維持されてきた習慣と、現代的な意味での個人の表現や自己実現の自由、活動の自由とが対立する場合については、どう考えるべきなのだろうか。実際に長く続いてきた伝統が、古典的な表現や行動の自由、つまりは消極的な自由と明らかに対立する事態が起こっている。

LGBT

例えば、ＬＧＢＴ運動について考えてみよう。長いあいだ、ほとんどの人間の社会では男女の役割分担が決まっていた。日本の戦国時代でも男色は広く見られたようだが、世界のどこを見ても、男性同士あるいは女性同士で結婚を認めるという制度は存在していなかったようだ。

しかし二一世紀に入って、多くのヨーロッパ諸国で同性愛が社会的に容認されるようになった。さらに生活のパートナーになっているという現実を追認する形で、同性婚までもが認められるようになった。オランダや北欧諸国を始めとして、アメリカやカナダ、オーストラリアから、あるいはスペインやポルトガルなどのカトリック国家、さらにはアジアの台湾においてさえ、次々と同性婚が法制度に組み込まれてきた。

現代的な理性の目で捉えるなら、そもそも同性愛を禁止することは合理的ではないだろう。異性に限って生活のパートナーになることを認め、さらに婚姻という法的関係性が認められるが、同じことが同性には認められないという理由や論理は存在しないように思われる。

またハイエクは自由主義者としてのジョン・スチュアート・ミルを高く評価しているが、彼の「危害原理」からすると、同性愛などは他者に何らの危害も加えない。このことからすると、明らかに許されるべき個人の自由の領域に属すると考えられる。

なお思想がさらに多様化した現代の世界では、個人的な自由を最大限度に保証しようとする、いわゆるリバタリアンたちがいる。彼らはハイエク的な自由主義精神を、もっとも突き詰めた形で引き継いでいるともいえるだろう。彼らは現在、同性婚を異性婚と同じように法的に認めるか、あるいは婚姻という制度に対する法的に特殊な特権付与自体を否定するかのどちらかの立場をとっている。

このことをハイエクが生きていたなら、どう考えたのだろうか。興味は尽きない。以下の文章は、ハイエクの保守的な思想をもっともはっきりと表現しているものである。

> ある人の行為の影響が、その人の視界の範囲をはるかに越えて広く及ぶような複雑な社会においては、個人は誰がつくったのかわからない一見非合理とも見える社会の諸力に服従する必要があるということである。この服従は、特定の場合において、それらの行動の諸規則を……妥当なものとして受けいれることを含むのみならず、かれの運命や機会に甚大な影響を及ぼす

ような諸変化や、その原因がかれにはまったく理解できないような諸変化に、かれ自身を適応させるべくつねに準備していることを含んでいなければならないのである。近代人は、これらの諸規則の必要性が「誰の目にも明瞭で、かつ論証され得る理由」にもとづくことが示されているのでないかぎり、これらに反抗するのがつねである。しかしながら、この理解したいという当然の渇望が、いかなる制度も満たすことができない幻想に過ぎない要求を生み出すことになる[58]。

この文章に続いてハイエクは、すべての規則や伝統を理解することは個人の理性には不可能であり、それを望むなら、フランス革命のような構築主義に陥るしかないと戒めるのである。

とはいえ、こうした社会制度確立や進化に対しては、ハイエクが想定していた時間的・地理的・頻度的な認定基準は、それほどに明瞭だというわけではない。どれほどの時間にわたって維持されてきた習慣が、「不合理であっても守られねばならない伝統」になるのだろうか。どれほどの範囲の地域で、どういった割合の人びとが実行すれば、慣習と呼べるものになるのか。そしてまた、すべての人間習慣は変化し続けてきたし、これからも変化し続ける。

これらの問題があることを直視すれば、合理性に裏付けられないような制度の維持について考える場合には、どれほどの期間に確立されてきた習慣や伝統が、ハイエクの主張する「従わねばならない諸力」にあたるのかを吟味する必要がある。その判断は合理性と伝統のバランスへの配慮が必要であり、実際にはひじょうに難しいものである。

Ⅲ

自由の法

10 法の支配

法治主義の各国事情

ハイエクにとって「法」という言葉は、まず第一に抽象的な行動規則のことを意味している。法が抽象的だという意味は、具体的な指示を行う命令とは違って、行為者による規則の理解と判断を前提にするということだ。これに対して、命令は行為者に直接に具体的な行為を要請しており、行為者による解釈という要素はほとんど必要ない。

当然、一般的な法規範と特定の命令との間には、連続したスペクトラムが考えられる。しかし、ある法規範がそれをつくった人物や組織の意思や意図から離れて、行為者の理解による部分が大きいほどに、それは抽象的だということができる。

> 特定の行動を導く目的と知識を権威者と行為者のあいだに分割するその仕方が、一般的な法と特定の命令とのあいだのもっとも重要な区別なのである。それは原始的種族の首長なり一家の主人なりが部下たちの行動を規制するいろいろな仕方によって説明できる。一方の極はかれ

が特定の命令にもっぱら依存して、その部下たちは命令された以外にはまったく行動することが許されていない場合であろう。もし首長が部下たちのあらゆる細部にわたる行動をあらゆる場合に指図するならば、かれらは自分自身の知識と判断力をつかう機会のないただの道具にすぎなくなる。[59]

そして規則は原始社会における具体的なものから、現代社会に近づくに従って抽象的になる。最終的には、現代の刑事法に見られるような「人を殺すなかれ」という法規範にいたる。近代社会はまた、イギリスの法制史家ヘンリー・メーンによる「身分から契約へ」という表現によって表されるように、次第に個人の自由な行動を前提としたものへと変化してきた。ハイエクによれば、身分制とは個人が別の個人の上に立つ特権のことであり、それが廃止されて平等な法が支配するようになったことが、その本質なのである。

こうして統治者に対しても被治者に対しても、完全に例外なく平等に適応される法規範しかないとするならば、その規則は自由を保証することになる。なぜなら、これまでの権威者・統治者には恣意的な「法」をつくる権限が与えられてきたが、そうした場当たり的な法は、ほとんどの場合、ある集団や個人に特権を許すものだったからである。

ヨーロッパの法制度の多くは、後に述べる各種の社会制度と同じように、長い時間をかけて進化・発展して、次第に社会に定着したものだ。それは誰か一人の理性によってつくられたものではない。多くの人々が各種の行動規範を試行錯誤することによって、その中から有益なものが残り、社会に広まってきたのである。

　これらの規則の大部分は決して目的意識的に発明されたものではなく、試行錯誤の漸進的過程を通じて成長したものであり、何世代にもわたる経験が今日あるような規則をつくるのに役立ってきたのである。したがって多くの場合、ある特定の形式が与えられる規則を導いてきた理由と考え方についてはまったく誰も知らないし、これまでにも知らずにきたのである。したがって、われわれはある規則が実際に役立っているその任務を発見（discover）する努力を払わなければならないことがしばしばある。よくあることであるが、もしある特定の規則の合理的根拠を知らない場合に、慎重に審議して立法化し、その規則を改良しようとするならば、その一般的任務なり目的なりがなにであるべきかを理解しようとしなければならない[60]。

　こうして自然にひろまってきた制度については、どういった理由が背後にあったのかはっきりしないことも多い。そして、各種の社会制度を事後的に改良するためには、その成立の背後にあった事情や状況の論理を深く理解しなければならない。こうしたことの具体例として、日本の退職金という制度について後に検討しよう。

「法の支配」

近代的な自由の概念は一七世紀のイギリスから生まれたが、はるか古代のギリシャやローマでも「法の下の平等」という概念は、ある程度は重要視されていた。古代ギリシャには、民主政治よりも、イソノミアという言葉によって表現される法の下の平等のほうが重要であるという記述が見られる。またローマでもキケロなどによって、一般的規則は立法を支配するという考え、われわれが自由であるためには法に従う必要があるという考えなどが表明されていた。

長い中世の後に、一七世紀のイギリスでは王権によって建築や石炭などの各種の産業の独占の試みがなされた。これに対して、そうした産業の特権の設定は、市民の権利を侵害しているという反対の機運が生まれた。その後の市民革命を経ると、こうした市民の権利は法の下の平等として観念されるようになった。

ジョン・ロックの『市民政府論』は、特に名誉革命に対して哲学的な正当化を行った。ロックの理論で強調されたのは、統治者による恣意的な権力行使をどのように抑止するのかという点であった。ハイエクは、ロックの表現をそのまま引用している。

> 「政府のもとにおける人民の自由とは、生活のよりどころとなる確固たる規則をもつことであり、その規則はその社会の誰にでも共通であって、その社会に設けられた立法権力によってつくられる。つまり、それは規則が命じていないところでは、なにごとにも自分自身の意思に

従う自由である。気まぐれで、不確実で恣意的な他人の意思に従わないという自由である。[61]」

その後のヒュームやスミスは、こうした「法の支配」の考えをすでに当然視していた。実際、一八世紀イギリスの著名な法学者であるウィリアム・ブラックストーンは、『イギリス法釈義』において、法とは規則の一つであり、特定の上位者、あるいは特定の人物からの突然の一時的な命令ではなく、永久的で一律、普遍的なものであると定義している。

こうして、恣意的な命令や法律から離れた「法の支配」の観念はイギリスで最初に確立され、同時にそれは経済活動や人身の自由を保証するものになっていった。その際に、議会による制定法だけでなく、判例法を通じて裁判官の果たした役割もひじょうに大きかった。ハイエクは次のような表現で、イギリスのコモン・ローの伝統では、裁判官が自由の法をつくってきたと称賛している。

> 個人の自由という理念がもてはやされたのは、主として、少なくとも長期間にわたって裁判官がつくった法が支配力をもっていた国民の間においてであったようである。[62]

アメリカ立憲主義

恣意的な議会による立法ではなく、その上位に位置する自然法が存在するというのが、一八世紀のアングロ・サクソンの社会思想であった。自然法はまた、神の法であり、理性の法でもある。それらの思想は、アメリカ独立時に立憲主義として結実した。

一七八九年の合衆国憲法における理念的な指導者は、ジョージ・メイソンやトーマス・ジェファーソン、ジェームズ・マディソンなどであった。そして自由権、財産権、モンテスキュー的な三権分立、ロックの社会契約説と抵抗権などが、世界で初めて成文化された。

そもそも「憲法」という言葉そのものが、一般法に優先する上位法規範体系のことを意味している。つまり法体系全体には、秩序が存在しており、自然法を成文化した憲法はその最上位に位置する。憲法という言葉は、法秩序の優先順位という考えを体現しているのである。こうして、具体的な一般法は憲法の条文や理念に従うことが要求され、それらに拘束される。

法を憲法に適合したものとするというのは、立法府に求められる要請である。だが、その適合性を保障するためには、議会にそうした要請がなされるだけでは十分ではない。実際に議会によって憲法に違反する法律が決議された際に、それを無効化する必要がある。

こうした理由から、司法部には違憲立法審査権が与えられる。裁判所に対して、憲法に反する個別の法律は違憲であり、無効であるという判決を出す権限が与えられたのだ。この違憲立法審査権という制度・実践もまた、アメリカで生まれて次第に世界に広がってきた。

これは明らかに、イギリス的な不文憲法による「法の支配」を、さらに一段と推し進めたものだ。戦後の世界では職業規制や産業規制は当然視されてしまったが、実際に一九三六年のアメリカ最高裁は、ローズヴェルトの「全国産業復興法」に対して全員一致で違憲判決を下した。またその他のニューディールの産業規制政策に対しても、ローズヴェルトが圧倒的な多数の指示によって再選されるまでの数年、違憲であると宣言し続けたのである。

ところで、民主主義の議会が可決する立法を、違憲であると判定し、無効化するということは、どういった理由から有意義、あるいは有効であるのだろうか。ハイエクによれば、それは人間というものは、行為の規則が遵守されることを望むにもかかわらず、短期的な目標を追求するためにそれを破るという傾向を持っているからである。知的・精神的な能力が不足するため、即時的な誘惑に負けてしまうことがある。ある程度の合理性、整合性を保つには、一般的な原則に従う必要があるというのだ。

こうして民主的な議会の定めた立法を、非民主的な司法部が違憲立法審査権によって否定する根拠が提示される。しかしアメリカにおいてさえ、こうした議会の活動への制約は表現・信教の自由に対してしか守られていない。経済的な自由については、「二重の基準」によってその重要性を一段低く評価することで、議会が自由に制限できることになってしまった。

アングロ・サクソン的な法の支配については、もう一つ重要な特徴がある。それは政府が行う行政行為について市民が不服の裁判を申し立てる際に、一般的な裁判所がそれを管轄するという原則である。

これに対して、フランスやドイツでは行政裁判所という特別な裁判機関が設置されるようになった。しかし、そうした特別な政府機関を設置することそのものが、権力側の擁護のための防壁になることは当然に予想される。そして実際に、行政府に特別な地位を与えることにつながってきた。

こうして、法の支配は大陸諸国では不完全なままにとどまり、形式的な法治主義が広がったという評価が一般的となっている。例えば、一九世紀のイギリスの著名な法律家であるアルバート・ヴェン・ダイシーは著作『憲法序説』において、政府の行為に対して通常の司法裁判所が担当せず、行政裁判所が担当することがその証拠だという。

ハイエクによれば、こうした評価はイギリスと大陸諸国の差を過大に見積もったものであり、実際にはそれほど大きな違いはなかったのだと反論している。それでは、大陸諸国で発展した「法治主義」とはどのようなものだったのだろうか。

法治主義

ゆっくりと市民の権利が王権を制限していったイギリスとは違い、フランスは革命によって王権から議会への権力移行が実現した。そこで受け入れられたのは、「すでに王ではなく人民が主権を全面的に掌握したのだから、立法府の決定は市民に対して抑圧的であるはずがない、そして人民主権を体現する立法府はいかなる法を決めることにも完全に自由である」という考えだった。

革命の混乱はナポレオンの出現によって収まったが、この帝政期のフランスでは行政機構の権限が強大化する一方、人びとの自由は伸長することがなかった。その後の共和制と王政の政権交代の中でも、立法府の全能性は受け入れられ続けた。

その理由の一つには、フランスで大きな影響を持っていたルソーの思想がある。ルソーは、人びとの代表によって構成される議会は人民の「一般意志」という抽象物を体現しており、民主主義の理念からは、それにいかなる制約も課されることはないと考えたのである。

こうしたフランスの法思想の発展に対して、ドイツの中心となったプロシアでも一八世紀には王権を前提にした法治主義という考えが採用されるようになった。ドイツではカントによって道徳律は一般的な規則であるという考えが広まっていたが、それを国家の制定する法律に対しても当てはめるという思想である。

その後、フンボルトなどによって、国家の強制的行為はあらかじめ公表された一般的な法律に限るという見解が示された。こうしてプロシアでは民法典が制定され、それは法に従って統治されるという法治国家という概念となっていった。実際には、専制君主国であったプロシアは人権の拡大よりも、行政権の拡大に力を入れた警察国家の特徴を持っていた。そのため、イギリスの法の支配に比べると、法治主義では形式的な法の定立とその準拠が重視された反面、人権の尊重は重視されないことになった。

とはいえ、成文法を持っていることは、それ自体が一つの進歩であり、法の支配に近づく要素である。イギリスでは、裁判官の判決はコモン・ローと呼ばれる判例法・慣習法を形成してきた。王や議会による立法も存在したが、両方が併存し続けたのである。

これに対してフランスやドイツを中心とする大陸諸国では成文法主義をとっており、市民に事前に公布された法律なしに国家活動が行われることはない。一八世紀のオーストリア刑法では、「法律なければ、犯罪なし」という法格言が採用されている。こうした形の行政権の制限は、法治主義の精神を表しているのである。

さて、江戸時代までの日本には、自由権などの人権という概念はほとんど存在していなかった。とすれば、形式的にヨーロッパの政治制度をできるだけ早く導入したかった明治政府が、人権意識の高いアングロ・サクソンの伝統にもとづくイギリス王国ではなく、人権を重視しない立憲君主国であったプロシアに倣ったことは当然である。

現在の日本は、法治国家であることは間違いないが、それは形式的なものにとどまっているという批判がある。法治主義にもなっていない統治とは、つまり「人の支配」である。西洋の絶対王政と同じ専制君主的な統治は、中国や日本でも当然視されてきた。

また明らかに、君主による命令に従うという統治形態に対して人びとが抱いていた懐疑心は、啓蒙主義以後の西洋に比べると圧倒的に少なかった。儒教的な政治観では、有徳な君主が政治をすることで腐敗は防げるという「徳治主義」があるだけで、統治の具体的なあり方についての議論はまったく進まなかったからだ。

現在の中国は、形式的には法治国家である。しかし、その実態は共産党の政治家＝官僚集団、そして現時点においては習近平という国家主席による専制支配に陥っている。このことは、ヨーロッパ人はじめ、世界中の共通認識だろう。おそらく人権や自由の伝統を持たなかったアジア人は、現在のヨーロッパ人以上に、政府のあり方が「人の支配」になっていないかについて、いっそう再思三省する必要がある。

11 誰のための、何のための法か
自然法思想と法実証主義

前章で見たように、法治主義という考えは、すべての現代国家に共有されていると思われる。中世まで支配的であった「個人の意思による支配」ではなく、少なくとも立法によってそうした権力の恣意的な行使を抑制することが必要であるという理念である。

しかし、それが形式的な法治国家なのか、それとも堅牢な人権保障を伴った法の支配なのかについては、大きな違いがある。中国やロシアなどの、いわゆる権威主義的な強権国家では、法律は制定・施行されていても、そうした法律は人権保障よりも政府の都合を優先するものであったり、あるいは法の実際の運用が恣意的であったりする。そうした法の制定や運用を許さないというのが、法の支配である。

ここでは、さらにこの違いを、自然法思想と、それを否定する法実証主義（制定法主義）の対立的な発展に見てみよう。これによって、さらに二つの法思想の違いがはっきりし、それらがわれわれに何をもたらしてきたのかも理解できるだろう。

自然法思想

これまでも指摘してきたように、自然法思想は主に近代初期の啓蒙主義者たちによって提唱されてきた考えである。それは、人間が特定の目的をもって制定する法とは別異に、高次の法規則が存在しており、人間はそれらを見出すことで、より良い社会が実現するというものだ。ハイエクは、自然法について次のように説明する。

> あらゆる自然法学派が認めていることは、ある法創造者が目的意識的に制定しない規則の存在である。すべての実定法がその有効性を引きだすのはこの意味で、人間によってつくられた規則からではなく「発見される」規則からであること、そしてこれらの規則は実定法の公正の基準とそれにたいする人間の服従の根拠の双方を提示する。ある者はその解答を神霊の導きに求める。別の者は人間の理性の固有の力に求めるか、またそれ自体人間の理性の一部ではないとしても人間の知性の働きを支配する非合理的な要素を構成する原則に求める。あるいはまた自然法を永遠不変のものと考えるか、それとも内容の変化するものと考える者たちもいる。[63]

つまり、自然法は神や心霊の法であるか、あるいは理性や知性によって導かれる法である。あるいはそれは、「知性の働きを支配する非合理的な要素」から生じるのかもしれないという。ハイエクは青年期には無神論、あるいは不可知論者になっていた。だから彼にとっての自然法は、神や心霊の法ではなかっただろう。

また理性による世界の完全な理解や構築も不可能だと考えていた。はっきりしないが、ここでいう「知性の働きを支配する非合理的な要素を構成する原則」というものが、彼が信じていた自然法の淵源ではないだろうか。

また自然法を基準にして、その他の実定法の妥当性も判断される。自然法は永遠で普遍的なものかもしれないし、あるいは変化するかもしれない。しかし、そのどちらであるにしても個人の意識を超越したところに存在するという。

こうした自然法概念をめぐっては、ホッブズ、ロック、ルソー、モンテスキューなど数多くの啓蒙思想家が、その存在を前提にした著作を残している。そして彼らが到達した思想の多くがヨーロッパ知識人に受け入れられ、その後のアメリカ独立宣言やフランス人権宣言に取り入れられて民主主義国家の思想的な基礎づけとなっていった。

もっともよく知られているのは、ロックの人権思想から一七七六年のアメリカ独立宣言で「生命、自由および幸福追求の権利」が謳われたことだろう。この思想は、大戦後の占領軍を指揮したマッカーサー元帥による憲法草案を経て、日本国憲法一三条になった。「すべて国民は、個人として尊重される。生命、自由及び幸福追求に対する国民の権利については、公共の福祉に反しない限り、立法その他の国政の上で、最大の尊重を必要とする。」

アメリカ独立宣言やフランス人権宣言は、これまでも「世界人権宣言」や、その他の多くの国の憲法に直接的な影響を与えてきた。その意味では、現代でも多くの社会思想家がこうした自然権思想を認めているということに疑いはない。

法実証主義

こうした超越的な自然法思想に対して、はるかに冷めた考え方も存在してきた。それは法規範というのは国家によってつくられるものであり、それ以外に法規範はありえないという現実主義的なものである。実際に存在する状況を検証するという考えは、一般的に「実証主義」と呼ばれる。それを法律に対しても当てはめるというのが、「法実証主義」である。

現実的にこの思想が意味するのは、制定された法律である実定法以外は認めないということだ。この内容は「実定法主義」であるため、時にはそう呼ばれることもある。日本では、法実証主義という言葉が広く使われてきたため、ここでもそれに従うことにする。

形而上的な法規範である自然法など存在せず、制定法しか認めないという立場は、一九世紀後半のドイツで確立していった。それは強権的なプロシアによってドイツ統一がなされ、ドイツ帝国が完成して、次第に勢力を広げていったことに呼応していた。

一九世紀後半のドイツでは、制定された法典が論理的に完全だとみなして、その厳密な解釈こそが法学の任務であると考える、いわゆる「概念法学」が盛んになった。その後も二〇世紀に入るまで、ますます制定法に重きをおく流れは盛んになった。ついにヴァイマル共和国時代の一九二〇年代、ハンス・ケルゼンは『純粋法学』において、法規範とは社会的・倫理的、あるいは政治的な目的とは独立したものだと主張するにいたった。

　そうした風潮では、もはや法による人権の保障は重要性を失ってしまう。ヴァイマル時代にはすでに共和国が成立していたため、ドイツでは国家による形式的な立法があれば、すべての法が民主主義の名のもとに、適法で許容されるものになった。こうした流れがナチスの全権委任法を当然に肯定することになり、ドイツの民主主義はみずからの墓穴を掘って崩壊した。

　ハイエクによると、ケルゼンの法思想が一九二〇年代にドイツを完全に支配することで、民主主義は、自由主義のくびきから完全に解放された。国家によるすべての法律と命令が肯定されて、人びとの自由に対する制約も、ことごとくすべてが否定された。

　こうして、法治国家とは、きわめて形式的概念となり、そしてあらゆる国家の属性、専制国家の属性とさえなる。立法者の権限にたいするいかなる制約もありようがなく、また「いわゆる基本的自由」は存在しない。そして恣意的専制政治にたいして、法秩序という性格を否定しようとするいかなる試みも、「自然法的思考の素朴さとうぬぼれ」を示すにすぎない。あらゆる努力を尽くして、抽象的・一般的規則という実体的意味での真の法律と（立法府のあらゆる行為を含む）単なる形式的意味での法律との基本的差異を曖昧にしただけでなく、ある当局による命令をそれがどんなものであろうとすべて「規範（norm）」という曖昧な用語に含めることによって、それらを真の法と区別できないようにしたのである。司法と行政との差異でさえ事実上抹殺された。つまり、法の支配の伝統的概念についての教義はいずれも形而上学的迷信として表明されたのである。[64]

フランスにおいても、革命以来の伝統として、民主主義にもとづく立法議会の全能性が重視されてきた。こうしたフランスの政治思想はルソーの「一般意志」という考えに端を発しており、ときに「人民主権」とも呼ばれる。「人民」という言葉は、主にジャコバン派によって使われていたが、それは一般的に使われる国民主権の概念よりも、もっと労働者の参政権を重視したものだった。国民主権という言葉は、私有財産の不可侵などを重視する個人主義的な色彩の強い思想を意味していた。しかし人民主権では、民主主義を体現する議会にはるかに強い力が与えられ、立法によって個人の自由や財産権を制約することができると考える。

こうしてフランスでもドイツと同じように、自然法思想よりも法実証主義的な風潮が強まって、実際に政府の制定する法律が重要だとする法治主義が支持されるようになった。もちろん、それは完全に為政者の意志に依存するような人の支配ではない。それでも、論理的に矛盾するようなことがなければ、国家権力はどういった法規範でも制定できるという意味で、法の支配とは異なる伝統を形づくることになった。

当然ながら、こうしたアングロ・サクソンによる法の支配と、大陸的な法治主義の確立という単純明快なストーリーの裏には、もっと微妙な色彩の思想運動も存在している。二〇世紀にはイギリスでもフェビアン協会のような社会主義運動が盛んになり、またアメリカでもローズヴェルトによって大規模な介入政策が実行された。

こうした事態の発展からすると、これら二つの法思想が受容された度合いは程度の問題でしかないともいえるかもしれない。それでも、そうした単純化・対照化によって、われわれの思想的な理解が深まることは疑いない。

長期的な視点からの制度設計

こうしてハイエクは、自然法思想とその実践としての法の支配を重視した。そして当然のことながら、望ましい法制度は長期的・普遍的な視点から決定されるべきだと主張した。

> 　これら諸規則の望ましい質と内容について、われわれが個人主義の一般的諸原理から学びうることはなお非常に多くあるのである。……これらの諸規則は個人がかれら自身の計画を立てるに当たって指標として役立つべきものであるから、長期にわたって有効であるように立案されなければならないということがある。自由主義的、もしくは個人主義的な政策は、本質的に長期的な政策でなければならない。短期的な効果にのみ意をもちい、それを「長期的にはわれわれは皆死んでしまう」という議論によって正当化する昨今の流行のゆえに、典型的な状況を対象にして作成された諸規則にではなく、当面の特定の事情にあわせてつくられた諸指令にわれわれは依存せざるをえないようになるのである。[65]

ここでの文章は、ケインズの発言と、短期の経済的な効果を求めるケインズ政策などについて批判したものだ。少なくとも朝令暮改のような法制度は、人びとの未来への予測可能性を下げて、自由な活動を阻害する。それは、自由な社会を担保するための法の支配からもっともかけ離れた状況をつくりだす。

こうしてケインズ主義的な政府による経済介入は、恣意的なものとして否定される。それは政府によってなされるが、本質的に裁量的にならざるをえないからだ。もともとオーストリア学派の経済学では、景気変動の原因そのものが中央銀行による過剰な流動性（銀行預金）の供給にある。とすれば、中央銀行による場当たりの裁量的な金融政策は、ますます望ましいはずがない。

さらに財政政策を通じての経済への介入もまた、その場しのぎの恣意的で予測不可能なものにならざるをえない。そのため、法の支配の原則からは、これらすべての財政・金融の介入政策は否定されるということになる。

日本国憲法への移植

さて「法の支配」の具体的な内容としては自由権の尊重などがあるが、最後に日本における「人身の自由」について少し考えてみたい。これを平易に表現するなら、みだりに警察官などの司法官憲によって逮捕・拘束されないということだ。

いつの時代でも権力者は一方的・恣意的に一般人の身体を拘束し、その活動の自由を束縛してきた。近代のヨーロッパでは、次第にそうした暴力的な身柄の束縛行為を抑制し、人びとの自由を守る必要があると考えられるようになった。こうしてイギリスでは、警察などが逮捕行為を実行するには、警察から独立した権力機関である裁判所からの許可、つまり逮捕令状を取り付ける必要があるという制度が確立した。

　こうした「人身の自由」はアメリカの憲法において、もっとも高度に保障されている。そもそもアメリカは、イギリス王権による恣意的な権力行使から逃れるために独立戦争を始めたのだ。当然、イギリスの権力支配から逃れたあとの憲法でも、権力はそもそも危険をはらんでおり、できるだけ抑制されるべきだというロック的な人権思想が採用された。

　国家が、個人に対して身体や財産などに不利益を課す場合に必要とされる手続きは、一般にデュープロセス（適正手続き）と呼ばれている。これには、警察による逮捕時には逮捕の令状が必要であることや、被疑者に黙秘権が認められること、そして弁護士の選任権が認められることなどが含まれる。

　戦後、日本国憲法にもこうした「人身の自由」の保障条項が大量に採用された。日本国憲法はわずか一〇三条しかないが、実に三一条から四〇条までが刑事法手続きについて定めている。アメリカ人としてインテリ階層に属していたマッカーサーが、人権保障における刑事法手続きの適正をいかに重視していたかがよくわかる。

　こうして戦後に施行された日本国憲法は、ひじょうに詳しく「人身の自由」を保障した条文をおいた。しかし実際には、戦後の日本でそれらの法律を運用・実践したのは、戦前の教育を受け、そのままの精神性をもった人びとであった。

そのため例えば、刑事事件の被疑者が逮捕された場合、その逮捕・勾留期間中に弁護士を国費でつけるという制度はつくられなかった。あるいは特定の犯罪を捜査するために、別の軽微な事件で逮捕するという別件逮捕も、通常の捜査活動として続けられてきた。これは、同一の事件については何度も逮捕・勾留を繰り返すことは許されないという原則の脱法行為である。あるいは被疑者の取り調べの撮影でさえも、技術的に可能になった後にも遅々として進まなかった。

こうした人権侵害に関しては、これまで人権派の弁護士やマスコミ、外国人ジャーナリストたちが懸念の声を上げてきた。こうした日本の警察活動のあり方は、通常の市民の視点から見ても、明らかに無実の個人を処罰する可能性を引き上げている。

ここでの問題は、日本の検察官・警察官、そして一般市民がもっている、人権意識、特に警察による権利の抑圧に対する警戒感の低さだ。強制的な権力は抑制的に行使されるべきであり、人身の自由は犯罪の処罰そのものと同じほどに重要だという意識が、アメリカ人に比べてはるかに希薄なのだ。

憲法が最高規範だといっても、法というものは、どこまで行ってもしょせんは文章でしかない。その意味を実感し、実践するためには、平均的で一般的な日本人がそれらの文章に心から納得する必要がある。マッカーサー将軍の置き土産として、外から与えられた憲法には、少なくとも当時の日本人の感覚との乖離が存在していた。今もそれは完全に解消されていないようだ。

こうした人権条項を未来の日本人は受け入れるのだろうか、あるいはこれまでの実践に合わせて憲法を変えるべきなのだろうか。内在的な歴史的経緯を背景にした欧米とは異なり、日本の場合にはこうしてさらなる課題を背負っている。

12 法制度の進化を妨げるもの

日本のケース

ハイエクは、言語や文化は個人の目的意識をこえた存在であり、人びとの活動によって次第に進化すると考えた。同じように法制度も、集団が歴史的に形成してきた慣習によって裏付けられるという。

例えば、ローマ法における民事契約法は、自由人による商行為の繰り返しによって、より便利で効率的な法制度が生き残るという形で発展した。こうした法制度の進展については、たしかにハイエクのいう社会制度の進化論が成り立つだろう。あるいはイギリスの歴史では、裁判所が積み上げてきた判決によってコモン・ローが形成されてきた。これもまた人びとの活動の集合としての伝統である。

自由主義的な法制度

ここで、ある社会の制度が、もともと自由主義的なものであったとしよう。そこでは自然法の原則に従って、個人の自由権や財産権などが尊重され、多様な慣習や制度が併存することが許される。こうした理想的な社会の法制度は、個人主義的・自由主義的なものであるだろう。おそらく個人の活動はできる限り保証され、他人に危害を加えない行動であれば、原則として許容される。

つまりハイエクが理想としたのは、自然法原理に従ってより具体的な法律が制定され、運用されている社会である。最初にそうした社会が存在する、あるいは存在していたという前提をおくなら、そうした法制度は社会の漸進的・経時的な変化を許すことになる。よって、そこでは各種の伝統や習俗は維持されるかもしれないが、そうした伝統も次第に変化するだろう。

しかし実際には、現実の伝統的な社会には、それぞれに固有の慣習や伝統が存在しており、それを強制するための非自由主義的な法律が存在している。つまり多くの法律は、伝統的な生活様式を強制してきた、あるいはそれらを拒否する自由を否定してきた。例えば、同性婚はおろか、同性愛でさえも多くの西洋諸国では犯罪とされてきたし、当然、法的に禁止されてきた。

また前述したように、日本の労働慣行では年功序列制度や年齢給、メンバーシップ型の雇用などがある。それは長幼の序といった儒教思想や、あるいは日本人の考え方や倫理観と整合的なものだったのだろう。

この場合、昭和から平成にかけて維持されてきた労働制度はすでに日本の伝統であり、その維持は望ましいと考えることもできる。今はこうした意見が声高に叫ばれているようには思われないが、現実に日本の大企業はこうした制度を維持し続けている。つまり間接的ではあっても、日本のほとんどの大企業の経営者たちは、こうした日本的な労働慣行とその価値観を肯定している。反対に、あるいは戦後の日本の労働状況こそが、戦後の高度成長時代という時期にだけ存在した、一時的なものでしかなかったと解釈することも可能だ。戦前は労働者が転職するというのはかなり一般的だったという事実があるからだ。どういった制度でも、世界の状況に合わせて、長期的には次第に進化していく。

現在の世界が一体化するにつれて、昭和時代の日本独自の制度は、世界の労働制度と整合するための大きな挑戦を受けている。現在の日本の制度は、急速に変化をしつつあるのかもしれない。

明治時代以降、日本人は中国に倣うことをやめて、欧米からの近代文明を受け入れた。議会政治や科学教育などである。こうした社会制度の大転換によって、日本人は現代文明を享受している。同じように考えるなら、昭和的な労働慣行を切り捨てて、ジョブ型雇用、能力給などに切り替えることも可能だろう。そうした変化は、明らかにこの国の継続的な発展に役立つに違いない。

ここでは、さらに日本的な労働慣行をより強固なものにしてきた、配偶者控除や退職金制度といった法制度について考えてみよう。これらの法に見られるように、現実社会の法制度のほとんどは、それ以前に存在した状況を追認・強固にして、その変化を押しとどめようとする。

本来、自由な法制度とは、各種の活動を促進も阻害もしない、つまり個人活動に中立的なもののはずだ。しかし現実を見ると、そうした自由を促進する制度の構築はひじょうに難しい。日本のこれまでの法制度を見ると、そのことが実感できるだろう。

配偶者控除

婚姻という法律関係に付随する税制度として、配偶者に対する所得税控除をとりあげてみよう。間違いなく、夫婦同姓という制度は明治政府が推し進めた「家」制度を法的に反映したものだが、配偶者についての税・社会保険制度もまた同じ精神性と価値観を背景にしている。

こうした制度は歴史的にはだんだんと変化してきたこともあるので、現在の制度の詳細を完全に説明する価値はないだろう。ここではもっとも重要な点だけについて、簡単に説明する。

まず、所得が九〇〇万円以下の夫と妻が専業主婦であるという、昭和時代の政府の考えたモデル家族の場合、夫は配偶者控除として所得税三八万円が控除される。また妻の年収が一〇三万円以下であれば、三八万円分の税を支払わなくても良い。

もちろん純粋に個人主義的な視点からは、なぜ共働きの夫婦からは本則に従った税金を徴収するのに対して、専業主婦であれば税金を支払わなくてもよいのかの理由は存在しない。それは夫婦を生活上の基本的な一単位、世帯とする考えにもとづいているものだが、事実上は専業主婦世帯への税制優遇になる。

妻（配偶者と呼ぶべきだが、現実には妻の場合が圧倒的である）が働いていたとしても、パート収入が一〇三万円以下であれば、この控除額が維持されるため、年間の収入を一〇三万円以下にしようとする女性はかなりの数で存在している。

さらに重視されてきたのは、パート収入の「一三〇万円の壁」である。年収がこれを越えると、妻は夫の被扶養者にはなれなくなり、自分で社会保険料を支払うことになる。この社会保険料は地域によっても異なるが、年間およそ三〇万円ほどだ。例えば一二〇万円の年収なら夫に扶養してもらい、厚生年金保険で医療や年金をもらえる。これに対して、一四〇万円になると、自分で三〇万円を支払う結果、実質的な年収が一一〇万円になって、大きく減少してしまう。

少なくともこうした三〇万円ほどの年収範囲では、余計に働くことによって実質的な収入低下という逆転減少が起こる。月収にして一〇万円程度というのは、パート収入としてはひじょうに現実的なものだ。実際に、週三〇時間を時給千円で働けば、年収は一五〇万ほどになり、この枠にぴったりとあてはまる。

これについてもまた、長らく経済学者たちが、非効率的な労働時間の選択を促していると批判してきた。なぜこうした非効率、不公平な制度が維持されているのだろうか。それは税や社会保険制度を含めて、すべての法制度というのはそれ以前の世代の政治家たちによってつくられるからだ。彼らは人口の大部分よりも高齢である。そして高齢の政治家の価値観は、彼らが育った時代のものに準拠せざるをえない。

こうして一般的に、法制度にははるか以前の価値観が反映されることになる。有権者の中でも若年者は少なく、かつ投票率も低い。よく政治の理想として語られるような、未来に向けての変化の先取りどころか、社会の変化に合わせて改正していくことすら期待できない。実際には、法制度のほとんどが、現実に起こってしまっている社会の変化に対してさえ、むしろ積極的に阻害している。日本の税・社会保険制度はこの典型なのだ。

実際に、総務省の統計グラフを見てみよう［図8］[66]。一九八〇年に専業主婦世帯は一一〇〇万世帯、共働き世帯は六〇〇万世帯だったが、二〇二一年にはそれぞれ五六〇万、一二五〇万世帯である。共働き世帯が専業主婦世帯の二倍以上になった現在でも、かつてとまったく同じ税・社会保険制度が続けられている。繰り返すが、これは主に女性の労働時間に制約を課すことによって、日本経済を窒息させている。

ここで理想的な、人びとの活動に対して自由で中立的な税・社会保障制度を考えてみよう。まず配偶者がいるかいないかで納税額が変わるというのは、個人を中心に考える現代の価値観とは整合的でない。もちろん、同性愛のカップルにはこうした税制優遇が適用されないという問題もある。

スウェーデン式にならって、すべての制度を個人中心に据えるのが、すべての個人の生活様式に対して中立的である。結婚や離婚、同棲、出産、育児などについての社会保障制度を、個人中心にするというものだ。

［図8］　専業主婦世帯と共働き世帯　1980年～2021年

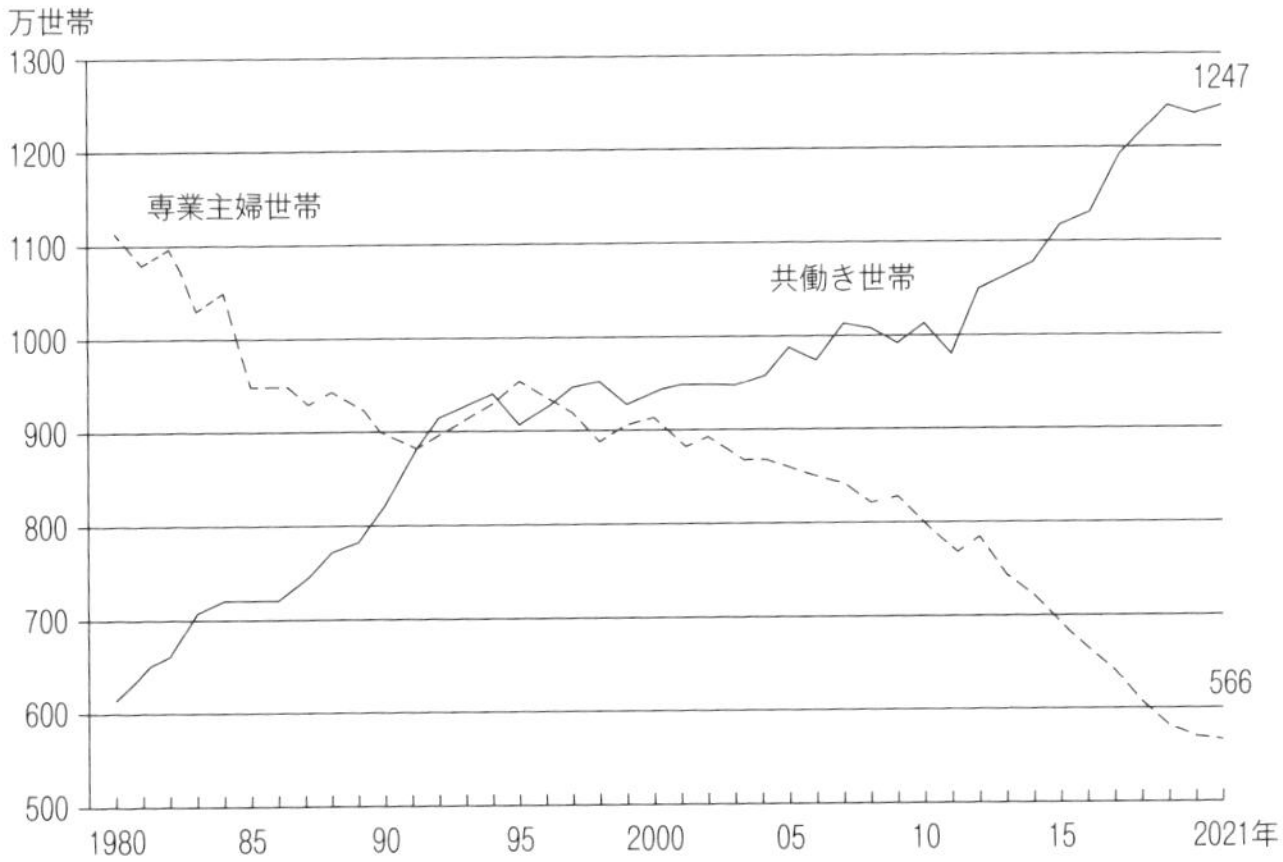

しかしこれは、男女の夫婦の結婚によって世帯が形成されるという、長らく日本人の前提としてきた家族のあり方とは相反していることも間違いない。

当然のことだが、これらの制度は一元化・一体化されるべきだろう。一人当たりで定額を支払う国民年金に統一されるか、あるいは給与額の定率を支払う厚生年金のどちらかに統一されるなら、一三〇万円の壁は消滅する。

退職金の優遇税制

同じようなことは、退職金制度にも当てはまる。前述したように、一九七〇年代の一連の最高裁判例によって、会社側の判断で労働者を解雇することはできなくなった。しかし、こうした当時の終身雇用、年功序列型を前提とする社会制度は、もっと間接的なさまざまな形でも日本経済を縛り続けている。

日本の戦後では、会社への定着率を高めるという目的から、退職金という一時金支払いが一般化した。これは、実質的には賃金の後払いであると考えるのが一般的だ。日本経済を支えてきた日本的経営がだんだんと否定されていく中で、退職金の平均額はバブル期からゆっくりと低下してきた。それでも大企業の平均値を見るなら、およそ二五〇〇万円ほどであると報告されている。

さて一時金とはいっても、二五〇〇万円という年収は大きな金額だ。一般的な給与所得に対する累進課税を適用するなら、その税率は四〇パーセントにもなる。もしこうした税率が適用されるなら、労働者は退職金などではなくて、現在の給与を引き上げてもらいたいと考えるはずだ。しかし実際には、退職金への課税には特別な規則がある。

　まず二〇年以内の勤続に対する退職金は、勤続年数に四〇万円が税控除されるため、勤続二〇年なら八〇〇万円が無税になる。さらに二〇年を超えると、一年あたりの控除額は上昇して、七〇万円ずつ増える。三〇年なら八〇〇万円（二〇年分）＋七〇〇万円（残りの一〇年分）の一五〇〇万円、四〇年なら二二〇〇万円が非課税になる。これは二〇年以上の勤続が当然であり、かつ退職金が高額である公務員や大企業のサラリーマンへの優遇税制であることは明らかだ。

　この税制度が、公正を確保するためだと考えられる所得の累進課税とは、完全に真逆であることに注意してもらいたい。公務員の給与体系は長く勤めることで増加するが、それは極めてゆっくりとした変化である。

　これに対して、アスリートや芸能人などでは所得の高い時期が比較的短期間である反面、その他の長い期間では、所得が極めて低いことは普通のことである。例えば、Ｊリーガーとして二〇歳から三五歳までそれなりに活躍して、年収が二〇〇〇万円あったとしよう。総額は三億円になるが、これは大卒のビジネスマンの生涯賃金と同じほどだ。

　しかしながら、年収が二〇〇〇万であれば、その五〇パーセント以上が税として徴収されてしまう。これに対して、年収が六〇〇万のビジネスマンは、一般に二〇パーセント以下しか税を支払っていない。

　つまり一年単位の累進的な所得課税は、職業が安定している公務員に圧倒的に有利になる。退職金だけを特別に扱う税制度は、財務省や税務署の役人がつくったものだ。そうである以上、当然に、こうした公務員優遇が制度に組み込まれているのだ。

さらに退職金への税制優遇は、これだけにはとどまらない。三〇年働いた公務員が三〇〇〇万円を退職金として受け取る場合、そこから控除額の一五〇〇万円を引いた残りの一五〇〇万円がそのまま課税されるわけではない。そうではなくて、その半分である七五〇万円が課税対象の金額となるのである。

これが上級の公務員・大企業役員などへの、さらなら税制優遇であることは、誰の目にも明らかだ。厚労省の統計資料を見ると、公務員や大企業の退職金の平均が二五〇〇万円であるのに比べて、高卒の中小企業従業員の退職金は平均して一〇〇〇万円ほどでしかない。

退職金の金額がひじょうに大きな労働者を優遇する現在の税制度は、公務員階級に有利な不公平税制であるだけでない。それはまた、大企業の労働者や公務員からの他の企業への労働力の流動性を著しく下げて、日本経済の変化を阻害している。後払い賃金としての退職金の割増率が高ければ高いほど、新しい企業、産業へと転職することは、労働者個人にとっては経済的に不利益になるからだ。

こうした退職金という制度そのものは、たしかに法制度として民間企業に対して強制されているものではない。しかし退職金制度は、事実として日本の企業社会に広く採用されてきた。そしてそれを追認する形で、税制面での各種の優遇措置が与えられてきた。

退職金制度は、昭和時代の日本経済にとって効率の良い制度だったのかもしれない。しかしグーグルやアップル、フェイスブックなど、ソフトウェアを中心とするのが二一世紀の産業のあり方だ。これらの企業は二一世紀に入って急速に成長したし、実際に雇用人数も激増している。当然ながら、そうした労働者の多くが他の会社からの転職組だ。

ソフトウェア産業では、現在の日本はすでに数周回遅れだ。変化の速いソフトウェア産業では、迅速な労働力の移動が必要である。にもかかわらず、日本では大企業の大きな退職金という労働慣行が存在し、さらに日本の税制度がそれを有利にする形で追認している。法制度が雇用の流動性と社会の変化に対して否定的であるため、日本の労働生産性は低いままで、人びとは豊かになることを阻まれている。

ＯＥＣＤによる二〇一六年の国際比較によると、日本のスタートアップ（ベンチャー企業）への投資額はＧＤＰの〇・〇三パーセントであり、これはアメリカの〇・四パーセントに比べると一〇分の一にも満たない[67]。そして金額的には、およそ五〇分の一でしかない。さらに、この投資額の差は二〇二一年にはおよそ一〇〇倍にまで開いている[68]。

こうした違いを反映して、大卒一括採用に見られるように、日本の有能な若手人材の大企業志向は今も根強い。これは日本の大企業がこの三〇年間ほとんどまったく変化していないこと、それと同時に、ほとんどの企業の規模が停滞していることの裏返しでもある。

繰り返しになるが、もともと法制度が自由主義的であり、社会のいかなる変化に対しても中立的である場合、こうした非効率は起こらないはずだ。しかし現実の法制度は、それ以前の社会の構造を反映してつくられるために、それを維持しようとする傾向を持つ。

こうした現実に対して、過去の制度をまるごと肯定するという純粋な保守主義者であれば、あるいは現状を追認できるかもしれない。しかし、社会全体、あるいは個人として、だんだんと豊かになっていくには、常により生産的な経済の変化を肯定する必要がある。それを促進するような法制度の変化が必要だというのが、自由主義の立場である。

法の支配の理想としては、各種の具体的な法制度は、どういった個人のあり方や生き方に対しても中立的であることが望ましい。しかし現在の民主主義国家では、かつての社会に適合した法制度は、だんだんと改正される必要がある。そうした変化は、できるだけ法の支配に即した、個人の自由を促進するようなものでなくてはならない。それによって次の時代の社会や経済のあり方がどのようなものになっても、変化を阻害しないですむだろう。

民族固有の伝統

ハイエクのいう慣習や制度は、それほど外的な影響を受けないままに歴史的に自然と発展してきたイギリスやアメリカ、フランスなどをその模範としている。これに対して、ヨーロッパ以外の地域はすべて近代の制度を、基本的にヨーロッパから輸入してきた。

つまり自然発生的な慣習や伝統が、日本において、あるいは西洋以外の国々においては、どの要素に当てはまるのかは、はっきりとしない。それは部分的には、伝統という概念がもつ時間的な曖昧さのためでもある。新しい習慣が導入された後、何年か経過することによって、伝統と呼べるものになるのか。

一例として、夫婦同姓について考えてみよう。これは日本の現状をとりまく政治的な論争の中でも大きなものであり、保守的な日本人が関心をもっている制度の一つでもある。実際には、これは戸籍制度という法制度なので、単なる伝統や慣習と考えるべきなのかははっきりしない部分は残るが、ここではそうした議論はしないことにしよう。

内閣府が二〇一八年二月に発表した「家族の法制に関する世論調査」を見ると、選択的な夫婦別姓を認める人は若い世代には圧倒的に多い。しかし、年齢層が高くなるほど、自分たちが慣れ親しんできた夫婦同姓を支持するという傾向がある。これは、少なくとも二一世紀に入ってから一貫した傾向だ。

夫婦同姓が完全に制度化されたのは、明治政府が「家」制度、戸籍制度を作ってからである。それ以前の社会では、例えば源頼朝の妻が北条政子であったように、特段の規則というのはなかった。また最初期の明治政府は、むしろ妻には実家の姓を名乗らせるように定めていたという事実さえもある。

こうしたことから明らかなのは、どこまで遡るのが伝統なのか、慣習なのかがはっきりとしないため、人びとは誰もが自分の好むやり方が古くから続いてきたと言い争いがちだということだ。これは、保守や伝統という概念を取り巻く固有の難しさである。

また別の例としては、大相撲の土俵には女性が上がってはならないという「女人禁制」の伝統がある。これがいつから始まったのかはっきりとしていないようだが、少なくとも明治時代以降はそういう慣習となっているらしい。二〇一八年、鶴舞市での巡業中に、市長が倒れたという事件が起きた。その際、救命措置をしようと土俵に上がった複数の女性看護師に向かって、行司は「土俵から降りてください」というアナウンスを繰り返した。

女人禁制の慣習よりも人命優先は当然だから、相撲協会は不適切であったというのは理解できる。しかし、それ以前にも、二〇〇〇年には大阪府知事であった太田房江が八年間土俵に上がっての優勝の表彰を断られ続けていた。

あるいは、たしかに完全な伝統と呼べるようなケースもある。福岡県と対馬とのあいだに浮かぶ沖ノ島は「神宿る島」と呼ばれ、世界遺産にも登録されている。二〇一八年以降は、一般人は男女を問わず入島できなくなったが、それ以前は女人禁制の島とされてきた。

こうした伝統の維持は、現代の平等思想のなかでどう解釈されるべきなのだろうか。伝統の維持については、また別の問題もある。それは、慣習という概念のもつ空間的、頻度的な曖昧さに起因するものだ。どれだけの割合の人びとが行えば、あるいはどれほどの頻度で行えば、一般的な習慣と呼べるのか。こうした事実の認定については、誰にとっても明確な基準は存在しない。

ハイエクの思想を具体的な各地の制度について当てはめる際には、これらの時間的・空間的といった各種の基準をどう考えるかが、常に大きな問題となる。ヨーロッパ人以外の社会では、近代化を進める際に各種の法制度を含めて、ヨーロッパ発祥の習慣や伝統を受け入れてきた。つまりヨーロッパ以外では近代的、あるいは現代的な習慣や考え方は、自分たちの社会から自然に生まれてきたわけではない。

近代的な制度が自分たち固有の社会的伝統や慣習と異なる場合、あるいは不整合である場合に、それらを取り入れるのか、あるいはどういう形で、どの程度に取り入れるかを判断する必要がある。それはヨーロッパ社会に比べて、さらに大きな知的挑戦である。

Ⅳ

市場と社会の未来

13 分権的な知識の活用と壁

イノベーションの進展のために

自由を起点とするハイエクの社会思想は、極めて一貫している。それはまた、個人的自由を活用した「社会における知識の利用」についても当てはまる。彼は一九四五年、アメリカ経済学会の出版する『アメリカン・エコノミック・レヴュー』に、「社会における知識の利用」と題した論文を発表した。この論文は、その後のハイエクの市場分析、さらには社会哲学の基礎となるものであり、また多くの学者を啓発して、その理論の精緻化・厳密化がなされてきた。

この論文でハイエクが強調したのは、経済社会における情報、あるいは知識が、一人ひとりの個人によって分散的に発見・所有されていることである。このことはまた、それぞれの知識は個人によってのみ独占的に利用可能だという意味では、分権的といってもよい。単純に、誰か一人、あるいは一集団が人類に利用可能なすべての知識を持つことはできない。それはハイエクが敵視し続けた、社会主義の「計画当局」にとっても同じである。

「所与」の知識という前提

経済学では、関係する知識のすべてがすでに特定の個人、あるいは当局に与えられている場合、それらの知識は「所与（given）」であると表現される。

> もしわれわれが関連のあるすべての情報をもっているならば、もしわれわれが所与の選好の体系から出発することができるのならば、そしてもしわれわれが利用しうる手段についての完全な知識を意のままに駆使しうるのであるならば、残る問題は純粋に論理の問題である。言いかえれば、利用しうる手段の最良の使用法はなにかという問題にたいする解答は、われわれの前提のなかに含意されているのである。[69]

経済学では、個人の商品への好み、つまり選好は、通常本人が一番良く知っていると仮定される。そして、そのことは知識として、すでに世界に実在しているとされるのが普通だ。しかしハイエクの自由主義では、そうした選好を自分が知るためにこそ、行動の自由が許される必要があるという。実際に消費などの活動をすることで、意外な自分の好みを発見していくことは、誰にでも普通に起こっていることだろう。

同じことは、生産技術についての知識にも当てはまる。通常、経済学では、生産技術の知識はすでに存在していて、誰かに利用可能になっていると仮定される。しかし実際には、工業的な実験や、あるいは生産現場では実際に生産活動を実行してみることで、初めて何が実現可能なのかについての知識が得られる。こうした場合、自由な生産活動を試してみるまでは、社会にはそうした知識は存在していなかったことになる。

こうしてすべてのデータ、情報や知識が所与であるなら、われわれが直面する消費や生産の問題の多くが、実質的には問題でなくなってしまう。それはもっとも効率な技術を選ぶだけの、もっとも単純で論理的な問題へと還元されて解消してしまうのである。

現代の経済は、科学や技術の急速な発達、それに伴う高度な分業によって特徴づけられる。その結果、人びとは特殊な科学的知識にもとづく生産については、計画当局やあるいは科学者集団のほうが生産計画を作るのに適しており、特に零細な民間企業などの役割は相対的に小さくなっていると考えがちだ。

ハイエクは、これは「科学的知識が公衆の想像のなかであまりにも卓越した地位を占めているために、それが唯一の意味のある種類の知識であるのではないということを、われわれがともすれば忘れがちであるから[70]」だという。

つまり、特定の職場での生産知識やノウハウなどは、科学的な知識などに比べて軽視される傾向がある。しかし現実の経済では、そうした特殊で属人的な知識を最大限に活用することによってしか、効率的な生産活動や商業活動は運営されない。

もちろん、ハイエクも指摘しているように、科学的ではない知識は重要ではあるが、知識のすべてではない。ビジネスパーソンの持っている知識は、彼ら一人ひとりに独自の優位性を与えている。

それは通常、教育などを通しての一般的・理論的な学習の後に、具体的な仕事の習得に長い時間とエネルギーを費やし、その仕事をとりまく状況などについて知悉することによって得られる。

　完全には利用されていない機械や、より良く利用されうるようなある人の技能の存在を知って、これらを活用することや、供給の中断に当たって、取り出して使用できる余剰の在庫について知っていることなどは、よりよい代替的な技術についての知識と同様に、社会的に非常に有用である[71]。

価格システム

　実際問題として、現実の世界についての知識は、量的にあまりに大量・膨大だ。また質的にも言葉によって明示できるものもあるが、言葉では明示できないような多様で複雑な暗黙知によっても構成されている。

　では、そのように分散的に存在する知識は、どのようにして社会全体としての利用が可能になるのか。それは財やサービスの価格を通じてである。経済には数多くの商品が存在しており、それらの価格は全体として「価格システム（価格体系）」と呼ばれる。それは常に変化しており、全体として人びとに情報伝達の機能を果たしているために、「価格メカニズム（価格機構）」とも呼ばれる。

> もしわれわれが価格メカニズムの実際の機能を理解しようと望むのならば、価格メカニズムを前述の情報伝達のためのメカニズムと見なければならない。もちろん価格メカニズムが果たしている機能は、諸価格がより硬直的になるにしたがって、より不完全なものとなっていく。……価格メカニズムについてのもっとも重要な事実は、このメカニズムが機能するのに要する知識が節約されていること、すなわち個々の市場の参加者たちが正しい行為をすることができるために知っている必要のあることがいかに少なくて済むかということである。簡単に述べれば、一種のシンボルによって、もっとも本質的な情報のみが、そしてそれに関係のある人びとだけに伝達されるのである。価格メカニズムは次のように描写されるが、それは単なる比喩以上のものである。それは変化を記録するための一種の機械にたとえられ、また個々の生産者たちを、価格の動きに反映されるものとしてしか知りえない変化にたいしてその活動を調整するために、ちょうど技術者がいくつかのダイヤルの針を見守るように、いくつかの指針の動きだけを見守っていれば済むようにする電気通信の組織にたとえられるのである[72]。

　商品価格というのは単なる数値であり、その情報量は極小である。さらに当該商品に関係する人間だけがそれを知れば良いのであって、他の人はまったくそれについて考える必要がない。ハイエク自身の記述では、具体例として錫の価格が挙げられている。

　価格が正確にどのようなことを成し遂げるのかを見るために、価格メカニズムの作用の非常に簡単で常識的な一例についてここで少しく考えてみることはそれだけの価値があるであろう。世界のどこかで、ある原材料たとえば錫を使用する新しい機会が生じた、あるいは錫の供給源の一つがなくなってしまったと想定しよう。これら二つの原因のうちのどちらが錫を稀少にしているかは、われわれの目的にとって問題ではない、さらにはこの問題ではないということが重要なのである。錫の使用者たちが知る必要があることは、かれらがこれまで消費していた錫の一部が、現在どこかで、より有利に使用されているということであり、そしてその結果、かれらは錫を節約しなければならないということだけなのである。大多数の錫の使用者にとっては、どこでもっと緊急な必要が生じたのか、あるいはどのような他の必要のおかげでかれらが錫を節約しなければならなくなったのかを知ることさえ必要ないのである。ただし、もしかれらのうちの何人かが直接的にこの新しい需要について知り、資源をこの新需要に振り向けるならば、そしてもしこれによってつくりだされた新しいギャップに気づいた人びとが、今度はさらに他の源泉からこのギャップを充たすことをするならば、その効果は急速に全経済体制に拡大し、錫のあらゆる種類の使用にたいしてのみならず、錫の代替品や、それらの代替品をさらに代替するものの使用や、錫を原料とするすべての物とそれらの代替品の供給等々にたいしてまで影響を及ぼすであろう。そしてこれらのことはすべて、上述のような代替を実行する役割を担った人びとの大多数がこれらの変化の根本の原因についてなんら知ることなくして起こるのである。[73]

つまり、価格の変化という最小限の情報を知るだけで、人びとは自発的に自分たちの行動を変えることになる。それが結果として、例えば錫の利用量を削減しようとするような、経済全体を調整する効果をもたらす。もちろん、これは錫という資源だけでなく、すべての財やサービスに対して当てはまる。

どういった理由であれ、価格が上がった商品の利用を減らし、別のもので置き換えようとする。反対に、価格が下がったものは、より多く使うことで経済的な利益を得ようとする。そうした個人の努力が積み重なることで、新しい価格に見合った生産や消費に向けて経済全体の調整が行われる。

競争による情報の活用

ハイエクは新古典派経済学者が考える「完全競争」の概念に対しても、その過剰な使用に警鐘を鳴らす。完全競争市場においては、市場参加者にとって各種の情報がすべて所与なものであると仮定される。しかし、現実の市場参加者にとっては、所与な情報など存在しない。

> そこでは生産者たちは消費者の意向と欲望について、かれらが需要する財とサービスの種類と、かれらが喜んで支払おうとする価格を含む、十分な情報を得ているものと想定されている。これらは本来、所与の事実とみなされえないものなのであり、競争の過程によって解決されるべき問題とみなされるべきものなのである。

同様の事情は消費者あるいは買手の側にも存在する。ここでもまたこれらの人びとが、競争均衡の状態においてもっているとされる知識を、競争の過程がはじまる以前において自由に駆使できる状態にあったと想定するのは、正当であるとはいえない。かれらの前にある選択肢についての知識は、市場で起こることの結果として、あるいは広告などのような諸活動の結果として得られるものなのである。そして市場の組織全体は、買手がそれにもとづいて行為するべき情報を普及させる必要にたいして役立つのである。[74]

経済学の教科書には、コムギの需要曲線や供給曲線が描かれて、その交点が市場における完全均衡であると説明される。こうした記述はひじょうに美しいが、コムギのような商品はきわめて特殊な商品である。なぜなら、コムギについては商品の差別化がほとんど成立しない。また長い取引の歴史を通じて、その商品としての価値は売り手にも買い手にも完全に、またはっきりと認識されているからだ。

これとは異なって、現実のわれわれの商品の購買活動を考えてみよう。例えば、アップル社のスティーブ・ジョブズがiPhoneを発売したとき、アップル社もそういった商品にどれほどの需要があるのか知らなかった。だからこそコマーシャルを流して、商品の有用性や効用を宣伝したのである。消費者もまた、スマートフォンという新商品がどれほどの価値を持つのかを理解できてはいなかったが、とりあえずの予想によって購入を決定した。

あるいはテスラの電気自動車（ＥＶ）を使ってみなければ、ＥＶがどの程度に自分のライフスタイルに合うものなのかはわからない。ＥＶについては乗り心地だけでなく、充電時間や充電施設の配置、あるいは実際の航続距離などの多くの要素が、その満足度に関係してくる。実際に運転する前に、すべての状況について理解することはできない。

こうした活動はすべて、経済主体が商品についても、自分の選好についても、また将来の自分の活動についてさえも完全な情報を持っていないことから生じる。あるいは、それらの情報は、そもそも世界に存在していなかったのだ。

> 個人主義者の議論の真の基礎であるのは、……それ（自己の利益）を見いだすことができる唯一の道は、すべての人が自分のできることを試みるのを許されるような社会的過程によるということである。[75]

現代のように複雑で多様な社会には、あまりに多くの財やサービスが存在する。これらの多くの商品については、宣伝、市場での取引や、それに続く消費活動などの活動を通じてのみ、その商品についての知識や嗜好といった情報が生まれて、それを集めることができるのだ。

生産技術の変化

また同じように重要なことは、最適な生産というものが時間的に変化するという現実である。投入物の値段やもっとも効率的な生産技術が永遠に変わらないのであれば、あるいは事前の経済計画もそれなりに機能するかもしれない。

現在、変化というもの自体の重要性が過小評価されていることと密接な関係を持っている。変化が起これば、生産計画の大幅な変更が必要となるのであるが、そのような変化の意義と頻度にかんしては、「計画者たち」の（通常は暗黙のうちに）設定する想定と、計画に反対する人びとの立てる想定とのあいだで、相違はほとんどない。もちろん、もし詳細な経済計画が前もって相当長期間にわたって立案されることができ、次いでそれが忠実に守られるうるものとし、そのゆえにまたそれ以後には、もはやなんの重要な経済的決定も必要とされないであろうというのであれば、全経済活動を支配する総合的計画を作成するという仕事の困難さははるかに減少するであろう。[76]

現実には、原油や鉱物、その他の資源の価格は常に変化している。それに合わせて、投入物を変化させる必要がある。同じように調達計画も販売価格や計画も、常に柔軟に変化させる必要がある。現代社会でますます加速・顕著化するイノベーションの問題は、ハイエクの時代よりもはるかに深刻な生産問題を突きつけている。生産技術は常に変化しているだけでなく、長期的にどういった技術がもっとも効率的なものに進化・発展するのか誰にもわからないからだ。

例えば、二〇二〇年代の大きな経済問題としては、ＥＶの普及や再生可能エネルギーによる発電があげられる。まずは二〇一〇年代にＥＶだけを生産していたテスラが急速に成長して、次世代の圧倒的な自動車企業であるという認識が成立した。日産も同時期にＥＶを生産していたが、大量のバッテリーを積むための高価格化に踏み切らなかった。つまり、ＥＶを主力とすることはなかった。

しかしその後、二酸化炭素削減の流れはますます高まった。二〇二〇年頃にはフォルクスワーゲンやメルセデス・ベンツなどのドイツ企業、あるいはＧＭなどのアメリカ企業は内燃機関、つまりエンジン全廃を掲げて、ＥＶ生産に向けて全力をあげることになった。

これに対してトヨタなどは、ガソリンエンジン車や水素燃料車の開発も継続している。欧米以外では十分な充電環境が整うとは考えられないという理由からだ。これはこれでアフリカや中南米、アジア諸国の現実を考えれば妥当な経営判断なのかもしれない。

同じことは、再生可能エネルギーについても当てはまる。強風の吹く北海では風力発電は大きなポテンシャルがあるし、長い日照時間に恵まれた地中海では太陽光発電は有望だろう。フランスでは原子力発電が継続されているが、福島第一原発事故があったことから、原子力発電を日本人が未来の電力源として選ぶようには思われない。

こうしてみると、自然条件が完全に異なる日本で、現在のように化石燃料に依存せずにどうやって発電量を維持できるのかは誰にもわからない。日本では環境評価などを緩めることで、あるいは地熱発電なども可能なのかもしれないが、これに関してもコンセンサスはない。

これらは単なる例だが、つまり一般的に、未来への投資としてどの技術を採用するべきなのかという問題の正解は誰にもわからないのだ。各企業、あるいは起業家は、どれかを選んで、リスクを取りながら経済活動を続けるしかない。そして、そうした技術の選択は、結局は判断を行う個人が局所的・個人的に持つ知識にもとづいている。これには技術者や経営者の直感などのように、明示的に言葉にできない要素も含まれる。

そしてハイエクは、こうした知識の活用の問題は、現場にいる人間の判断によるしかないという。それを中央集権的に決定するためには、すべての現場に関連するデータ・情報を集める必要があるが、それは現実には不可能だからだ。

われわれが分散的に持っている知識を十分に活用するには、その知識を持っている個人に対して、その知識をできるだけ有効に利用するチャンスを与える必要がある。そうした可能性を個人に与えずに、決定権限を中央に集めることは、一見して効率的に思えるかもしれないが、それでは社会全体に広く分散している有用な知識を利用できない。

こうして、高度で変化の速い経済でこそ、価格メカニズムを通じた分権的な情報伝達が、もっとも効率的に機能することになる。例えば、スマートフォンのスピードと消費電力のトレードオフや、あるいはデザインと大きさの評価などは、個人の心のなかにしか存在しない。政府は、そうした細部にわたる情報を決して知ることはできない。

ハイエクが分権的な知識の存在について語っていたとき、一般的な消費財の種類は数千という程度だっただろう。今では、アメリカの平均的なスーパーマーケットで約四万、もっとも巨大なチェーンストアであるウォルマートでは八万もの商品を扱っている。さらにインターネットをみれば、楽天が二億、アマゾン・ジャパンには三億の商品がある。

これらの商品は消費財であり、生産財にはこれよりもはるかに多くの種類があるのである。これらの生産や消費に関しては、個人の自由な行動にもとづいた結果としての評価しか、その情報を伝える方法はない。

ドラッグラグ

最後に、もっと純粋に市場による解決が可能であり、もっとも望ましいにもかかわらず、それが政府の規制によって禁止されている例として、ドラッグラグについて検討しよう。

ドラッグラグとは、第一義的には、薬物が開発されてから、病院における治験を経て、実際に薬として処方されるようになるまでの時間差、いわゆる開発ラグを指す。この場合、薬物の治験が速やかであればあるほど、その薬によって助かる人間は増えるし、あるいはそれが遅れれば遅れるほど、本来ならば助かったはずの患者に不利益が及ぶことになる。

この意味でのドラッグラグは、薬というものを政府が公的に承認するという制度を持つ、欧米諸国すべての問題である。しかし、日本におけるドラッグラグという言葉には、もう一つの意味がある。それは他国、特に欧米諸国で承認・処方されている薬が、日本での治験を経ていないという理由から国内で使えないことだ。あるいは、日本国内で認可されるまでの期間が、欧米諸国で認可されてから長時間がかかっているという審査ラグである。

例えば、二〇〇〇年以前から欧米企業から発売された多くの抗ガン薬が日本では未承認のままであった。こうした状況下で、欧米で承認され、日本では未承認の薬を使いたいという日本人患者の訴えが話題になった。

例えば、二〇一〇年時点で、世界の医薬品市場における売上高上位一〇〇品目の中に、各国で未発売の医薬品がどれくらいあるかを比較した結果、日本は一一品目、アメリカ、イギリスでは二品目であった[77]。同じように、医薬産業政策研究所によると、二〇〇〇年から二〇〇六年に日本で承認された一六〇の薬品については、そのドラッグラグの中央値は約四年であった[78]。

この典型的な例として、膵臓ガンをあげてみよう。膵臓ガンはもっとも恐れられているガンであり、五年生存率が一桁である。日本でも年間四万人の新規患者が発生している。実際に、これまで私も、膵臓ガンで親戚・友人たちを失っている。そして二〇〇六年当時、アメリカでの治療薬は一〇剤、日本では三剤であり、ドラッグラグは平均四年であった。こうした悲惨な状況が、国内のドラッグラグの問題をクローズアップすることにつながったのである。

二〇一〇年代に入って、こうした状況はかなり改善している。医薬品医療機器総合機構という独立行政法人が公開しているドラッグラグの試算によると、二〇〇七年に開発ラグと審査ラグを合わせて三・五年であったのに対して、二〇二〇年のドラッグラグは〇・七年にまで縮小している[79]。

医療の治験制度

しかし、この問題を矮小化することはできない。そもそも自由主義的、分権主義的な社会思想に照らすなら、治験制度そのものがひじょうに奇妙な制度だ。それは欧米に比べて日本は薬の認可が遅れがちだという、日本の行政効率の問題などにはとどまらない。

二〇世紀を経て、現代人が当然視するようになってしまった「治験」という制度自体が、たいへんに有害なのである。治験では、選ばれた患者だけに対して十分な情報を説明して（インフォームド・コンセント）実験に参加してもらう。その結果、薬として効能が確かめられた場合だけ、薬として認められる。こうした判断は、通常、国家の外局、たとえば日本の厚生労働省、あるいはアメリカ食品医薬品局（ＦＤＡ）などが行う。

一見して、こうして国家が薬の有効性・安全を確かめてから、それを承認薬として処方を認めるのは当然、あるいは自然なように思われる。しかし、そんな悠長なことをしているあいだにも、どこかで患者が苦しみ、死んでいる。末期の抗ガン剤、抗ガン治療法などについて、治験をする必要などない。余命宣告を受けているような患者にとっては、どういった方法であれ、少なくともそれが自費である限り、自分が望む方法や薬を試してみる権利があるはずだ。

この方法では、人体実験が行われてしまうという反対者もいるだろう。しかし治験と呼ばれるものは、事前に選ばれたものだけが参加を許された人体実験である。なぜ国家だけが、誰が助かる可能性があるかを選ぶ権利をもっており、またそうする必要があるのか。

実際、今回の新型コロナの場合、ファイザーにしてもモデルナにしても十分な治験は行われていなかった。単にコロナをとりまく事態が緊急であるという理由からワクチンとして認可・接種された。それによって副作用が報告されているが、つまりそれは大規模な治験が世界各国で一斉に行われたにすぎない。

つまりわれわれ一般国民は、平常時であれば、ガン患者の命を優先するよりも、制度的な安全や秩序を望んでいる。それはリスクに晒されているのは自分の命ではなく、誰か他人の命だからだ。自分の命が関係しているのであれば、誰であれ、全力で治療法に関する情報を集めて、あるいは実際にそれらを試してみようとする。それは人間の本来的、自然的な権利である。

ハイエクの主張した、分権的な知識の活用について立ち戻ってみよう。新しい薬であれ、治療法であれ、市場における実践によってのみ、関連する情報、この場合は有効性・安全性についての知識を得ることができる。

翻ってみると、医者という地位そのものが、国家によって認められた特権階級である。彼らは医療の専門家なのだから、彼ら一人ひとりを信頼して、その患者への説明と協力を得て、新薬の候補を試させればよい。その結果をフィードバックすることで、どれが信頼に値する新薬であるかを市場の選択に任せるのである。

これに対して、新薬の効果を知るために小さな治験をして、その結果を国家の委員会が審査するという現行の制度は、市場を信頼しない、ハイエクが批判した計画経済そのものだ。そして実際に、医薬産業総合研究所の報告をみると、二〇二〇年に日本では一二五種類の新薬が承認されているが、それには平均して一〇年が費やされている。[80] 当然ながら、その一〇年の間に死亡している、苦しんでいる人の数はどこにも報告されていない。

実は、このインターネットが全盛の時代に、国家のレベルで規制をすること自体もすでに時代遅れである。新薬候補を使ってみた効果については、速やかに世界と共有することで、全世界の医療の前進に直接的に貢献することができる。日本人にはほとんど知られていないが、世界的に薬や治療法の効果についてメタ分析をするための枠組みは、英語圏ではコクラン・プロジェクトなど数多く存在するのである[81]。

　最後になるが、日本の製薬産業は欧米に比べて、開発競争力が大きく劣っているのは周知の事実だ。小さな市場規模しかなく、かつ治験の効率が悪いために時間と費用ばかりがかかるため、新薬の治験をアメリカで行う日本企業は多い。こうした状況が、失われた三〇年をますます永続化させている。

　こうした状況を猛省して、日本こそ世界に先んじて、厚労省に許可を求めるための治験という制度を完全に廃止するべきだ。それによって、世界中の市場の力を最大限に利用することが可能になる。そうすれば急速に進歩しつつあるゲノム製薬産業や、ＡＩを使った新薬合成のルネサンスを先導することができるだろう。

14 福祉国家のゆくえ

シルバー民主主義という陥穽

社会主義の凋落

ヨーロッパで発展した資本主義は、現在にまでいたる資本家と労働者の富の格差を生み出した。一九世紀の中盤までには多くの社会主義者が現れたが、なかでもカール・マルクスはもっとも大きな影響力を与えてきた。

そもそも、この「資本主義」という言葉も、マルクスが広めたものだ。それは、社会は資本家や企業が利潤、あるいはもっと現代的な表現をするなら、利益を追求することによって、進歩・発展するという制度である。社会主義が目指したのは、こうした私有財産制にもとづいた生産様式に代えて、もっと社会的な正義を追求するために生産・分配、交換手段を国有化することだった。

こうして目標としての生産手段の国有化は共通だったが、多くのヨーロッパ大陸の社会主義者が暴力革命による社会主義の実現を目指したのに対して、イギリスのフェビアン協会は議会を通じた漸進的な改革による社会主義を目指した。彼らに方法的な違いはあったが、二〇世紀中葉までの知識人の多くが、社会主義は資本主義よりも倫理的にも、またもっと物理的な生産能力の活用という点においても優れた制度であると考えていた。

こうした知的な流れを受けて、一九一七年のロシア革命以降、東ヨーロッパや中国などに多くの社会主義国家が生まれた。彼らの生産制度がどの程度完全に国有化されたものであったかには違いはあるが、一つ疑いない事実は、そうした社会主義国の一つとしてアメリカ社会の享受する豊かさを実現できなかったことだ。

一九七〇年代までには、こうした消費者生活の圧倒的な差はよく知られるようになった。また社会主義国が、現実には共産党指導部による独裁にならざるをえないことも明らかになった。同じように、戦後のイギリス労働党による主要産業の国有化政策は、イギリス経済の長期的な凋落を招いたし、インドでの社会主義的政策も国民の貧困を維持しただけだった。

こうして社会主義経済体制が、おしなべて失敗していることは一九七〇年までにはあきらかになっていた。資本主義を維持していた西欧諸国では社会主義経済体制への幻滅が起こり、一般民衆レベルでの生産体制への国有化、計画経済化への熱意は一気に冷めていった。

現在でも各国には「共産党」や、あるいは「民主社会主義」を名乗る政党が残っていることが多い。しかし、彼らはもはや生産手段の国有化や、計画経済の実現などを主張することはない。その代わりに国民の所得不平等を問題視し、その再分配による平等化、それと同時に環境問題などの国家による目標設定と、それに応じた各種の規制強化を主張するようになった。

福祉国家

二〇世紀には、生産設備の国有化と計画経済を求めた社会主義思想が試された。しかし、世界の社会思想は、二〇世紀を通じてますます多様化した。社会主義思想とは反対に、個人活動の自由と私有財産制のみが政府の役割だとする、いわゆる「最小国家」だけが国家の役割であると主張する人も数多くなった。

例えば、ロバート・ノージックは一九七五年の『アナーキー・国家・ユートピア』において、私権を擁護するための法の秩序を目的とする最小国家のみが、国家機能として肯定されると結論づけた。ノージックによると、そうした自由な社会は本来的なユートピアなのであり、そこでは誰でも友愛にもとづく相互扶助などの共同体をつくることも許される。自発的な参加によって、福祉国家のような存在も実現可能になる。

さらに、こうした最小国家でさえも否定する考え方も、少なくとも思想界では知られるようになった。それは、私的な財産権や自由権のみが自然法的に肯定され、国家という集団の存在は許されないという、無政府資本主義である。その論理では、課税は個人の私有財産権に対する集団による侵害と考えられるため、国家のような超個人的な存在は自然法的に認められない。こうした思想では、アメリカの思想家マレー・ロスバードがもっとも良く知られている。

日本人の政治的・歴史的な感覚からすると、こうした発想はほとんど空想・夢想としかいいようがない。とはいえ、一八世紀までは社会主義もインテリの空想であったことを考えると、未来にどういった思想が流行るのかは予想できないようにも思われる。

さて、こうしたラディカルな、反政府的とさえ呼べるような最小国家主義者に比べると、ハイエクの国家観はほとんど「常識的」である。いわく、強制力を伴う政府の活動はたしかに法秩序の維持に限定される必要があるが、政府には税金を集めて行う、はるかに広い範囲の非強制的な活動が許される。

それはスミスやミルなどの古典派経済学者のあいだでさえも、当然に認められてきた政府の活動であった。例えば、貧窮者や障害者への対策、健康や各種知識の普及活動であり、美術館や図書館などの公共施設の建築・運営がある。さらには社会保険や教育においても政府が、社会実験を含めて、なんらかの役割を果たすことは当然だという。食品衛生法のような社会規制も、実質的に自由を侵害していない程度において要請される。

ハイエクは、これらの政府活動が税金を使って維持されることが、私有財産権を侵害する大きな問題だとは考えていない。これは、現代的な自由主義の視点からは、やや不思議に思うかもしれない。

たしかにハイエクは、政府活動は強制的なものであってはならないとは主張した。しかし政府の活動への参加が任意である場合、政府が各種の福祉的な活動をすることには、むしろ積極的に社会実験としての意義を認めた。政府活動の財源としての納税はともかく、個人の自由は大きく制約されていないと考えたからだ。

彼が生きた主な時代、つまり一九七〇年代まで西側諸国の国民負担率は三〇パーセントほどであった。これに対して、二〇二二年の日本の国民負担率は、財務省のホームページに明記されているように、五七パーセントにもなる。おそらく、どの程度が個人の税金として集められているのかに応じて、人間が何を当然だと考える態度にも違いが生まれるのだろう。

所得の再分配政策

こうして実際には、ハイエクは政府による多様な活動を積極的に肯定している。しかし、現代の福祉国家的な理念と完全に袂を分かっているのは、個人に対する所得保障だろう。一般的な生活保護だと考えられる最低限度の生活は、社会の進歩と生活水準の上昇に伴って認められる。それは「きびしい物質的欠乏にたいする保障、すなわち全員にたいする一定の生活最低限度の保障[82]」と表現される。

これに関してハイエクは、個人や集団に一定水準の給付を行うのは許されないとする。それは「一定生活水準の保障で、個人あるいは集団の享受する水準とほかの人びとあるいは集団のそれを比較することによって決定される」ものであり、「ある個人が受けるに値すると考えられている特定の所得の保障[83]」である。

こうした集団や個人に対する相対的な所得保障は、行政国家に対して、特有の一連の拡張的な政策をとるように仕向ける。すべての人びとにある程度の状態を保障するためには、政府がサービスを独占的に供給する事態になりがちであり、それは個人の自由と両立しないというのだ。

このように考えるなら、たしかに現代の福祉国家は年金などを強制的に集めて運用している点で、個人の自由権を妨げている。個人が、ある時点で所得を得た場合、その一部は社会保障費、あるいは社会保障税として、彼の遠い未来の所得にするために徴収する。政府は、そうした活動が必要ないと考える個人に対しても、強制権力を使って社会保障費を集める。これが彼の自由を奪っていることは疑いない。

しかし、ハイエクが福祉制度、あるいは年金制度を警戒した理由は、それらの年金制度が、次第に所得の再分配へと置き換わる傾向があるという点である。

> 独占的な政府サービスは契約による要求とは無関係に必要に応じる配分の原則にもとづいて行動することができる。このような自由裁量の権力をもつ機関だけが、個々人の受けとる「べき」ものをなんでも供与する立場にあり、……望ましいと思われる程度に、個人や集団のあいだに所得を再分配する立場にあることになろう。……
>
> 所得の再分配は、社会保障制度の最初からの公称の目的ではなかったが、いまではどこでも実際の公認の目的となっている。独占的な強制保険制度はまったく違ったものへ変質、つまり強制的な所得再分配の道具への変質に抵抗しなかった。[84]

つまり、最初は少額の社会保障制度、あるいは年金制度として発足した制度でも、長い時間をかけて、次第に政府が望むような単なる所得の再分配の道具になってしまう。これこそ、すべての現代国家で起こってきた、福祉政策の歴史だ。

社会保障制度の中でも、年金は特に負担と受益がはっきりしていない。医療保険制度などについては、各年齢における負担額と、直接的な受益額を比べることは可能だ。しかし、年金に関しては、そうした経済的な計算をすることは容易ではない。労働者の負担は現時点で発生しているが、その受益にあたる老齢年金はそれから四〇年から五〇年以上も後になって生じるからだ。

それでもすべての推定から、現在の高齢者に比べて、現在の労働者がはるかに不利益になっていることだけは疑いない。現在の高齢者はすでに働けなくなっている人がほとんどであるため、労働者から高齢者への所得の移転が行われているのである。

このことは、一九八六年からは消費税の三分の一、二〇〇四年からは二分の一が基礎年金へと投入されていることを見ても明らかだ。日本の年金制度は、労働者の払込額を運用して支払っているのではない。そうではなくて、労働者に課金して、それを高齢者に再配分している。こうした再配分は、制度が生まれたときには明確にされていなかったが、現在ではあまりにはっきりしている。

高齢者の比率が急速に高まるこれからの日本では、若年労働者への負担はあまりにも大きい。例えば、高齢者の医療負担は原則的に一割であり、これは三割負担の現役世代よりも低い。こうした所得の再分配政策は、すぐに大幅に見直す必要がある。

ドイツから始まった社会保障制度は、政府によって供給されるサービスとして始まった。これはイギリスなどでも同じであり、高齢年金、健康保険や障害者年金などを整備していったのは、各国の中央政府であった。

しかし現在では、自分の老後に備えて資産を蓄えることは、一般の多くの人びとが自分で行っている。あるいは各種のガン保険や認知症保険などのように、特定の疾病に対して自分で備えるという保険制度も、民間から数多く用意されるようになっている。

アメリカから始まった確定拠出型年金制度を見てみよう。個人は自分の所得から、一定の年金相当額を支払う必要がある。しかし、それを運用するのは政府機関ではなく、自分で選んだ基金（ファンド）である。これは日本でも二〇〇一年から大企業の従業員などに導入され、さらに二〇一七年からはiDeCoと呼ばれる制度として、公務員などに対しても導入されてきた。

こうして見ると、政府が年金基金を運用するということは、そのファンド・マネージャーになっている特殊な公務員たちに、一般国民の老後資金を委ねるということを意味する。しかし、こうした制度が、本当に年金資金を拠出している本人のためになるかどうかははっきりしない。

ハイエクは、政府による独占的な機関というものは、当初はいかに効率的であっても、長期的には非効率になるという。

> あるいは一定の時点において、当局の選びうる最高の専門家が構想した統一機関がつくりうるもっとも効率的なものとなろうということはたぶん正しい。しかし、もしそれがあらゆる将

来の発展にとっての唯一の出発点とされ、最初に管理を引きうけた者がどんな変更が必要かを判定する唯一の判事となるかぎり、それはいつまでも効率的でありつづけることはないのである。なにかをする最善の手段あるいはもっとも低廉な手段を保っていくには、長期的に見てあらかじめ設計によるほうが、利用しうる財源をたえず再評価していくことよりもすぐれていると信じるのは間違いである。庇護された独占はすべて時の経過とともに非能率になるという原則は、他の場合と同様にここにもあてはまる。[85]

ここでハイエクは、年金制度などを政府が整備することは許容できるかもしれないが、それが独占的な存在であり続ければ、必ず長期的な非効率が生じると主張している。とするなら、政府の年金基金についても、それは独占的な存在であってはならない。

実際に、日本の年金基金の歴史は、そのまま担当官庁の利権とムダ遣いの歴史である。現在の厚生年金の積立金が、二〇三〇年には枯渇することは確実だ。しかし二〇〇〇年代まで、厚生年金にはどんどん資金が溜まっていた。年金福祉事業団と厚生官僚たちは、13のグリーンピアと呼ばれた年金保養施設を建築して、自分たちの天下り先として利用した。

当然のことだが、これらの施設は天下り先という意味以外には、ほとんどまったく利用価値がなかった。こうしたその公的年金の流用問題が批判されて、施設全体は三七〇〇億円の損失とともに二〇〇五年に売却された。この損失は巨額だが、政府の行うことの通例として誰も責任を問われることもなく、国民年金の負担として償却された。[86]

こうしたムダ遣いは、年金福祉事業団だけではなく、ほとんどすべての共済組合や健康保険組合が行ってきた。それだけを見ても、政府による独占権が与えられた組織はどれだけムダ遣いに走る傾向をもつのかがわかる。

> 自由が致命的に脅かされるのは、政府があるサービスを供給する排他的権力を与えられるときである。すなわち、その権力は政府の目的を達成するために個人を自由裁量的に強制するために利用されるのである。[87]

つまり、ハイエクが肯定するような社会保障制度があるなら、それは少なくとも確定拠出型年金のように個人が預け入れ先を選べるものでなくてはならない。日本では政府の独占に起因する多くの問題が起こったが、現在もＧＰＩＦ（年金積立金管理運用独立行政法人）という巨大な官僚組織が、国民の年金積立金を運用している。これを解体、あるいはその利用を完全に任意にして、他のファンドによって年金を積み立てることを許す必要がある。

こうした選択可能性を残さなければ、政治家や官僚の言い訳や、あるいは年金への税金投入による穴埋めなどを防ぐことが不可能になる。そして、年金制度を使ったなし崩し的な所得の再分配政策も、さまざまな言い訳を伴って実行されるだろう。

福祉国家の肥大化

福祉国家では、教育や医療・介護などのいわゆる福祉については、国家が税金を集めて、国民に供給する。こうした制度は、受益者にとっては国家によるサービスが提供され、それは無料または部分負担で済むため、弱者保護の視点から望ましいと考えられてきた。

しかし例えば、義務教育が無償であるなら、どういった教育内容が、どういった形の学校建築内で、誰によって教えられるのかは官僚が決めることになる。同じように、現在の日本のように国家による医療保険制度が完備されている場合、それは保険制度中でどういった治療が、どういった状況で許されるのかを官僚が決める。さらに、要介護の高齢者に対して、どういったサービスがいくらで提供されるかは中央官僚が決める。

こうしたことに問題がないと考えるのは、自分が医療を受ける当事者になったことがないからだ。ドラッグラグによって、膵臓ガンの治療薬が利用できない状況については前述した。世界全体の中ではすでに小さな市場でしかない日本では、欧米の製薬会社のつくった多くの薬が認められていない。あるいは、その治験によって、一〇年ものラグが生じている。

だれにとっても、これは単なる経済、つまり金儲けの話にとどまらない。自分が当事者になったことのない有権者は、製薬会社や医師会、厚生官僚の利権を守るだけの法制度による、自由な活動と人命への潜在的な被害を知ることはない。

医療は人命に直接にかかわることから、誰の目から見てももっとも重要な活動である。残念なことに、重要な経済活動であればあるほど、多くの人は国家による監視や統制、規制が必要だと考える。日本の医療は、その対価が国家的に決められているという意味で社会主義そのものだ。使える薬剤の価格も公定されており、医療機器も許可がないと販売できない。医療機器に問題があれば、即座に人命に危害が及ぶことになるため、こうした規制は当然だと考えられているが、本当にそう考えるべきなのだろうか。

例えば、二〇二二年一月一二日の日経新聞の記事を見てみよう。医師の診断を助けるためのAIソフトウェアは、すでに数多く存在している。それらは胸部X線画像から病巣を自動検出したり、あるいは大腸内の内視鏡画像などから腫瘍の可能性を判断したりするものなどである。日本では、これまでアメリカの三分の一、韓国の半分の二〇件程度しか認可されてこなかった。またアップデートするたびに、数ヶ月以上かかる再審査を受ける必要があった。こうした厳しい規制が日本のデジタル化を阻んでいるため、今後は再審査を不必要にする予定だという。

こうした無機質な記述でははっきりしないが、こうしたソフトウェアを使うことで一パーセントでも誤診の可能性が下がるのであれば、即座に導入する意味がある。まさに人命がかかっているからこそ、できるだけ早く使ってみて、その効果について広く検証する必要があるのだ。医療で何かの導入を遅らせることは、そのまま誰かの潜在的な死を意味している。

しかし前述したことだが、そもそもなぜ医療用の補助ソフトウェアを審査する必要があるのだろうか。そうしたソフトウェアを導入するかどうかは医師や病院の裁量に委ねることができる。もし使ってみて効果がない、あるいはかえって誤診の確率を高めるということがあったとしても、それは実際に使ってみないとわからない。医師という国家の認定した専門家集団がいるにもかかわらず、彼らに使わせるかどうかについて判断をするために、まず厚生省が検査する。この制度自体が、医師という集団の利益に上乗せされた、厚生官僚とその審議会による屋上屋である。

これは単なる一例だ。しかし、新しいソフトウェアであれ、新薬であれ、治療方法であれ、もっと一般的な医療機器であれ、治験をできるだけ急ぐことには、経済効率を越えた人命保護という意義がある。規制のうえに規制をつくるのは日本人の慎重さの現れなのだろう。しかしそうした心のあり方は、新しい治療方法が日本から生まれることを阻害する。ひいては今後ますます盛んになる、外国からの医療ツーリズムの産業を沈滞させることにもつながる。

〝隷属への道〟

現在でも、すでに国民負担率は五七パーセントにも及んでいる。今後ますます高齢化は進むため、必然的に医療・介護にまわる資源は大きくならざるをえない。どういった医療や介護が望ましいのかは、受益者である一人ひとりの国民が判断しなければならない。それはまた無料・無償、あるいは低負担であってはならない。なぜなら、高齢者にとっての無償・低負担というのは、若者に配分されるはずの資源を、高齢者に医療として与えていることだからである。

残念ながら、人はほとんど必要がなくても、他人の負担であればサービスを受けようとするものだ。例えば、現在七五歳以上の高齢者は医療費の自己負担は原則一割であり、それらの医療の中には、例えば訪問のはり・きゅう・あんま・マッサージなどまでもが含まれている。もちろん、医師の認定が必要だという条件こそついているが、これらは一般人が受けるマッサージとまったく同じサービスだ。

どういった教育・医療・介護を受けることができるかについて、福祉国家では官僚と彼らに選ばれた、いわゆる専門家たちが決める。新型コロナでワクチンを接種すべきこと、それを税金で全額負担することは政府が決定した。

あるいはマスクをしなければならないのかについてさえ、現実的には政府の決定に対して従うしかない。二〇二〇年以降、コロナ対策には一〇〇兆円が投入されてきた。そして二〇二二年に入って、欧米諸国では完全に日常が取り戻されたが、日本医師会は「新型コロナの感染が続く限り、マスクははずすべきではない」という見解を呈している。

ここでは、こうした判断の是非について論評したいわけではない。問題は、一般人はそうした決定に関与できず従うしかなく、必要だとされる医療が税金によって強制されることだ。これからの日本では国民所得の七〇パーセント以上が徴税されて、その使途が政府によって決定される。

二〇二二年の社会保障費はおよそ一三〇兆円であり、これは日本のＧＤＰの二二パーセントにあたる。このままの社会保障制度が維持されるとすると、高齢化が進む二〇四〇年の社会保障費の予想は一九〇兆円になる。しかし、国民負担率は二四パーセントにとどまるという[88]。

しかし、この予想の基礎となる計算では、二〇一八年以降のＧＤＰは平均一・八パーセントで成長することになっている。この仮定は空想だ。総人口は二〇二二年の時点でも年間六四万人、つまり〇・五パーセントずつ減少している。これから二〇四〇年以降にかけて減少は急加速して、年率で一パーセントにまで上昇する。

また人口全体はますます高齢化して、労働者比率は低下する。二〇二二年時点でも、ちょうど七〇歳の人口は二〇〇万人であり、高齢化による年間離職者数は二〇〇万人ほどだろう。その反対に、新規の労働人口は一八歳人口が一一二万人、あるいは二二歳人口が一一七万人だから、せいぜい一一五万人しかいない。その差は、すでに八五万人であり、これは人口の〇・六八パーセントになる。

こうして人口の減少と労働参加率の低下、さらに純粋に生産物を生み出していない医療費の増加速度を合わせると、一パーセントをはるかに上回る。かりに労働生産性の向上が一パーセントをこえるとしても、日本のGDP全体としてはマイナス成長が続くはずだ。

また医療は、ますます高度化が進んでいる。これからも高価な薬や複雑な手術が開発される。それに保険が適用されるため、高齢者への医療費も高額化する。これらの要因を考えれば、二〇四〇年以降の社会保障費の国民負担は、財務省が公表しているような二四パーセントではなく、最低でも三六パーセントをこえるはずだ。

政府は社会保障以外にも、教育や農業保護、道路や港湾、河川などのインフラの維持管理など政府は多くの活動を行っている。財政赤字を含めた現在の国民負担率が五七パーセントであるなら、〇パーセント成長を前提として二〇四〇年以降には七一パーセントになる。

それはすでに、エリートが大衆を支配する独裁社会ではないだろうか。

> 福祉政策の拡大しつつある分野において明らかになりつつあるように、個々人のために特定の結果を達成するように指令された当局には、求められた結果を達成するのに必要と思われることを個々人におこなわせる本質的に恣意的な権力が与えられなければならない。……それは、自分たちの業務を営むあるエリートの命令にたいする、多くの大衆の平等な従属を意味する。……世俗的地位の平等にたいする要求は、全体主義的権力をもった政府によってしか満たされえない[89]。

実際に日本の社会保障負担費は、二〇一〇年からだけでも、年収五〇〇万円なら一〇万円ほど上がっている。現在、税と社会保障負担は二四〇万円、国債負担を入れるなら二八五万円だ。こうして二〇四〇年まで急速に高齢化が進み、五〇〇〇万の給与のうち三五〇〇万以上が政府によって吸い上げられる。

はたして七割以上の資源が政府によって集められる社会は、かつて社会主義と呼ばれた国とそれほど異なるのだろうか。たしかに、こうした状況は民主主義の結果であり、それは二〇世紀のナチスやソヴィエト、軍が支配していた戦時下の日本とは異なる。あるいはプーチンの独裁になる二一世紀のロシア、あるいは習近平の完全支配する共産中国、さらに金王朝の続く北朝鮮でもない。

とはいえ、現在の福祉国家でも、政府は資源や財の配分について圧倒的な決定権をもっている。そして、政治家・官僚による生活全般への窒息的な侵害という意味では、大きく類似した要素がある。それは目に見える特定の個人や集団による独裁ではなく、もっとステルス的なシルバー民主主義による独裁状況である。

そうした新たなるステルス独裁に対しても、かつてハイエクが打ち鳴らした全体主義への〝隷属への道〟への警戒は不可欠だ。福祉国家は常に肥大化をねらっており、自由な社会を掘り崩す危険を内包している。

そしてまた、政治家と官僚が七割もの資源の使い方を指示する社会では、自由がないだけでなく、各種の産業のイノベーションも生まれなくなる。産業革命以降、現代のインターネットの発展まで、すべての産業は政府の命令によってではなく、人びとの自由な経済活動から生まれてきた。肥大化した福祉国家は、ある特定の時点で若者を貧しくするだけでなく、同時に経済成長も阻害して未来の世代も貧しくするだろう。

15 社会主義に未来はあるか

自由のための闘いはつづく

計画経済の崩壊

「社会に遍在する各種の知識を、どのように利用することができるのか」という問いは、そのままでは極めて抽象的なものにとどまる。一九四五年時点でのハイエクの問題意識は、「一九一七年から始まったソヴィエトのような中央計画経済と、市場を中心とする資本主義経済のどちらがより効率的な生産活動を行うことができるか」というものだった。

第二次世界大戦までは、ロシア革命で成立したソヴィエト連邦だけが社会主義計画経済を実行していた。そして、それ以外の国はすべて、有史以前から自然に発生してきた市場経済に依拠していた。そのどちらが、社会における情報伝達を十分に行い、同時に最新の生産技術を活用することで、より豊かな経済を構築できるのかについては、学問的な論争があったのである。

純粋に理論的に考えるなら、当局による計画経済のほうが市場経済よりも生産性が高いという可能性もある。これは実際に、イギリスでもオスカー・ランゲなど、多くの戦前の経済学者が主張していた。しかし、戦後の一時期を除けば、ソヴィエトの経済が停滞し続け、またインドや中国などの他の社会主義経済でも成功した実例がない。これら歴史的な事実からすると、社会主義が効率性に劣ることはすでに明白だ。

余談になるが、この問題は数学的なモデルを使っても証明されている。成功すれば金銭的にも報われるというのは市場経済の美点だが、それによって個人の行動を生産的な活動に向ける自動的なインセンティブが生まれる。社会主義経済では、正しい情報を持っていても、それを使うインセンティブがない。あるいはより効率的な生産方法などの、有益な情報を探そうとするインセンティブも生まれない。

こうして一九七〇年代以降のソヴィエトと東側経済の大停滞や、一九九〇年頃の社会主義経済の崩壊を見れば、純粋な計画経済と市場経済の間での決着は完全についた。ハイエクは一九九二年に亡くなったが、残念なことに、このソヴィエトの崩壊についての彼の感想や記述は残されていない。おそらくは、東側諸国の政治経済体制の全面的な崩壊は時間の問題であり、歴史的な必然だったと感じていただろう。

そして、二一世紀になって久しい現在、情報の分散化とその活用の問題は、「計画経済vs市場経済」というカテゴリーではなく、「政府が主導する経済vs起業家が主導する経済」に変化している。

起業家精神の衰退

一九九〇年に日本の一人あたりＧＤＰは、かなり高かった。たしかに生産性そのものはそれほど高くはなかったが、長時間労働と相まってそれなりの所得を実現していた。その後、三〇年にわたって停滞を続けた結果、日本の一人あたりＧＤＰは、現在までにＯＥＣＤのほとんど最下位にまで落ち込んできた。

これまでこの原因として、生産性向上のためのイノベーションを、各種の規制によってことごとく否定してきたことを挙げてきた。成長産業のほとんどが規制によって否定される社会では産業構造の変化は起こらないし、成長セクターへの労働力の移動も起こらない。この場合、既存産業がゆっくりと効率化する以外には、平均的な生産性が上昇する可能性はない。

これは、日本の大企業がこの三〇年間にほとんど変化していないことに端的に表れている。トヨタ、ホンダ、ソニー、パナソニック、三井住友銀行などの日本を代表する大企業の顔ぶれは、この数十年間まったく変わっていない。

ここに平成から令和に元号が変わった際に、かなり多くの人びとの目にとまった話題がある。『週刊ダイヤモンド』の記事から、平成元年の世界時価総額ランキングを見てみよう［図9］。全世界の上位三〇社のうち日本企業は二一社にものぼる。[90] 当時の地価・株価バブルによって、日本企業、特に銀行の株式は実力よりもはるかに高い価格で取引されていた。それは事実だが、それにしても驚くほどの勢いだ。

さて令和元年の時価総額を見ると、トップ五〇には四三位にトヨタ自動車が入っているだけだ。それだけ日本企業は変化しないままに、全体として急速に凋落してきた。

ハイエクが計画経済について問題視したとき、中央に情報や知識を集めて分析することは、現場の個人による判断よりも優れたものになることはないと主張した。これは社会主義に固有の問題のようにも思われるが、そうではない。実際には、市場経済においても、すべての大企業に当てはまる問題だ。

日本でこの三〇年に成長した大企業には楽天やソフトバンクがあるが、それぞれ三木谷浩史や孫正義という起業家によって率いられてきた。こうした起業家の活躍は、かつてのホンダの本田宗一郎、ソニーの盛田昭夫や井深大などと重なる。

戦後に生まれた日本人は、次第に活力と起業家精神を失っていったが、それは各種の法制度や企業が成熟したことの裏返しである。新しい産業と企業は、どうやら以前に成功した大企業からではなく、むしろ個人としての起業家の活動から生まれるようだ。

［図9］　平成元年の世界時価総額ランキング

順位	企業	時価総額（億ドル）	順位	企業	時価総額（億ドル）	順位	企業	時価総額（億ドル）
1	NTT	1639	11	トヨタ自動車	542	21	関西電力	309
2	日本興業銀行	716	12	GE	494	22	日本長期信用銀行	309
3	住友銀行	696	13	三和銀行	493	23	東海銀行	305
4	富士銀行	671	14	野村證券	444	24	三井銀行	297
5	第一勧業銀行	661	15	新日本製鉄	415	25	メルク	275
6	IBM	647	16	AT&T	381	26	日産自動車	270
7	三菱銀行	593	17	日立製作所	358	27	三菱重工業	267
8	エクソン	549	18	松下電器	357	28	デュポン	261
9	東京電力	545	19	フィリップ・モリス	321	29	GM	253
10	ロイヤルダッチ・シェル	544	20	東芝	309	30	三菱信託銀行	247

ヴィジョナリーの時代

ハイエクは、被用者は必然的に起業家とは異なった精神性を持つようになるという。起業家が自ら事業を構想し、自分の役割や時間配分などすべてを自己決定するのに対して、被用者の場合には、仕事の範囲が限定的に定められており、その役割は独立性を持たないからである。

> 一定の給与あるいは賃金で働く人は、たえず選択に直面しなければならない人と同様に、良心的で勤勉で知性的であるかもしれない。しかしかれは同じように創造的あるいは実験的ではほとんどありえない。……雇用されているという事実は、人の指導力や想像力以上の影響力をもっている。かれは資源を管理する人びとや、たえず新たな調整や組み合わせに携わらなければならない人びととの責任についてほとんど理解していない。あるいは、財産や所得の利用に関わる意思決定の必要性が生みだす生活態度や様式をほとんど知らない。独立人の場合、一定の所得に応じて自分の時間を売る被雇用者のように、その私生活と職業生活とのあいだに明確な区別をつけることができない[91]。

こうした被用者のメンタリティというのは、なるほど新しい企業を作り、産業を生み出すような創造的な仕事とは正反対だろう。また起業家がどれほどの精神的な努力と苦労をしてきたかということを理解できなければ、彼らが大きな報酬を得るという事実に対しても否定的な評価を下すようになるのは自然だ。

ハイエクはさらに、こうした被用者の精神性は、政府に依存するような法制度を好むようになると警告する。例えば、保険や年金その他の社会保障制度の充実することは、国民の多くの生活の側面について、政府が画一的にすべての意思決定をすることになる。こうした制度をつくれば、国民一人ひとりの意思決定の心理的な負担は減ることになる。そして、こうした国家依存的な精神は、会社に雇われてその命令に従って働くというメンタリティと通底しているという。

二一世紀はアメリカの一人勝ちの時代である。アップル、グーグル、アマゾン、フェイスブックなどのアメリカのソフトウェア会社は、世界を席巻し続けている。彼らはそれぞれが独自の情報プラットフォームを構築することで、現在の地球規模のサービスにおける圧倒的な存在になっている。

これを如実に反映しているのが、『フォーブス』誌などの世界長者番付だ〔図10〕。例えば、二〇二二年四月の特集を見ると、上位一〇人中七人がアメリカ人になっている。表にあるようにアマゾンのジェフ・ベゾス、テスラのイーロン・マスク、マイクロソフトのビル・ゲイツ、グーグルのラリー・ペイジ、オラクルのラリー・エリソンなどがいる。さらに一五位にあるフェイスブックのマーク・ザッカーバーグなども、日本人にとっても身近なサービスをつくった有名人である。

もちろん、この表をみて拝金主義に陥ってほしいのではない。ここで重要なことは、彼らアメリカの億万長者のほとんどが単身で起業したコンピュータ・エンジニアであり、事業を相続したわけではないことだ。単純に、世界中の人びとにすばらしいサービスを提供するような企業をつくれば、その裏返しとして起業家本人も億万長者になるのは当然なのだ。

こうした状況をみれば、今でもアメリカン・ドリームが生き続けているということがわかる。だからこそアメリカには世界中から移民が入ってくる。イーロン・マスクは南アフリカ出身であり、グーグルの共同創業者のサーゲイ・ブリンはロシア移民の子供であり、現在のマイクロソフトやグーグルのＣＥＯはインドからの移民だ。

明らかに、アメリカの強さは「個人の能力」を十分に活かすことから生まれている。アップルのスティーブ・ジョブズがiPhoneで示したように、能力の高い個人が自らのヴィジョンを社会に指し示し、それを支持する社員や顧客とともに実現する。彼らヴィジョナリーは、必然的に個人の創造性の発現そのものである。ヴィジョンというのは、経営会議でみんなで決めるというような性質のものではない。

こうした状況は、アメリカを追いかける中国にもある程度当てはまる。もちろん日本でもソフトバンクの孫正義、楽天の三木谷浩史などは今世紀を代表する企

［図10］　2022年世界長者番付

順位	資産家名	起業活動
1位	イーロン・マスク	テスラ、スペースX
2位	ジェフ・ベゾス	アマゾン
4位	ビル・ゲイツ	マイクロソフト
5位	ウォレン・バフェット	バークシャー・ハサウェイ
6位	ラリー・ペイジ	グーグル
7位	サーゲイ・ブリン	グーグル
8位	ラリー・エリソン	オラクル
10位	スティーブ・バルマー	マイクロソフト
15位	マーク・ザッカーバーグ	フェイスブック

業家である。彼らは親のビジネスを相続したのではなく、未来に対する自らの信念に従って一代で大きな成功を収めている。

社会がますます複雑化し、技術が高度化するにつれて、個人ではなく、組織の力が大きくなるという意見は常に存在してきた。直感的には、そう考えるのも自然にも思われる。しかし、現実はその逆なのだ。

結局、「複雑化した社会では、個人は十分な能力を発揮することができない」というのは、人間が陥りがちな完全に誤った幻想だ。そして、こうした誤った幻想から、常に「だから自由な市場に委ねるのではなく、政府が指揮監督する必要がある」という主張が発生してきたのである。

分散した知識を活用するには

多くの日本人は、経済産業省（かつての通商産業省）の役人が有能だったために、戦後の日本経済が発展したという、誤った認識を持っている。だが、これはひじょうに不思議だ。実際に産業政策として行われたのは、自動車産業と企業数を集約化しようとしたこと、第五世代コンピュータ計画、シグマ・プロジェクト、基盤技術研究促進センターの設置などだ。これら昭和時代の産業政策のすべてが、ことごとく失敗に終わっている。

実際には、日本でもホンダの本田宗一郎やソニーの盛田昭夫のような、政府のいうことを聞かなかった起業家たちが、日本経済の拡大に圧倒的に貢献してきた。このことをもっと評価するべきだ。

グーグルやアマゾンはスマートフォンを世界に普及させて、そのプラットフォームを支配することで全地球規模での企業活動を展開している。それを実現したのはアメリカ政府ではなくて、アップルを率いていたスティーブ・ジョブズの先見の明であり、それを同じように理解したグーグルの創業者であるラリー・ペイジの能力であった。

そして今現在も例えば、急速に勃興しつつある宇宙産業を開拓しつつあるのは、NASAという政府機関ではない。それはアマゾンの創業者であるジェフ・ベゾスや、テスラを率いてきたイーロン・マスクである。

彼らは自ら設立した宇宙開発企業であるブルー・オリジンやスペースXに対して、何兆円もの巨万の富を個人的につぎ込んできた。ここで、アメリカでは宇宙産業を民間企業が試みるだけの経済的な自由があったということが重要だ。おそらく宇宙産業は今世紀を通じて巨大な成長セクターになるだろうが、宇宙開発を私企業に許していなかった国では、そもそも宇宙産業など生まれるはずがなかった。

どこか別の国で成功した産業を真似するだけでは、世界のリーダー企業になることはできないし、繁栄する経済を基礎づけることはできない。そして、なにが未来の主要な産業となるのかは、政府を運営する政治家や官僚にはわからない。

ハイエクは、市場に代わって政府の理性をもって調整することは、二〇世紀を支配した迷信だという。

非常に広い範囲にわたって跋扈し、二〇世紀を支配した考え、すなわち、正しい分配をともなう計画経済、抑圧や因襲的伝統からのわれわれの解放、自由への道としての甘えの教育、そして市場の代わりに強制権力を有する団体による理性的調整をもってくること、という考えはすべて、言葉の厳密な意味において迷信に基づいていた[92]。

明らかにわれわれの未来は、世界の知識を活用し、起業して産業を起こす個人のヴィジョンにかかっている。それは、個人の経済的な自由こそがいっそう重要になる社会なのである。

あとがき

大学時代に、ハイエクの主だった著作を一通り読んだ記憶がある。しかし、ハイエクの著作のほとんどが、とても抽象的な命題を表す長文によって著されており、主張を補強するような具体的な例はごくわずかしか挙げられていない。使っている言葉も読みやすさとは程遠く、否定が何度も連続するなど、読んでいて楽しいものとは到底いえなかった。

その後、大学院では現代的な経済学、さらに就職後はリバタリアニズムの著作を主に勉強してきた。こうして時折、個別の著作や多くの解説書を読むことはあったものの、じっくりとハイエクに立ち戻る機会はなかった。

昨年、春秋社の高梨氏から、ハイエクについて書いてみないかと誘われた。これも良い機会かと思い、全集を読み直してみたものの、実際に文章を書くことについては、かなりの期間にわたって逡巡した。すでにハイエク思想やその人生についての研究書は、英語でも日本語でも専門家によって数多く出版されてきており、その学術レベルも高い。いまさら、私のような素人がもう一冊を加える意味はないことは明らかだったからだ。

しかし、あれこれと考えてみた結果、思想史・学説史的な研究書ではなく、ハイエクの自由主義思想に、現代日本の状況を透かしてみるなら、それはそれで面白いのではないかと思った。こうして筆を執ったのが本書である。今回もハイエクの文章にはかなり苦戦することになったが、読者にはその思想的なエッセンスを届けられたのではないかと自負している。

日本と世界の状況の認識については、二〇一六年に出版した『18歳から考える社会と経済の見方』（春秋社）を踏襲している。この間に六年が経過したが、日本の社会制度はほとんどまったく変化しないまま、経済社会状況はますます急速に悪化している。特に社会保障費の増加と人口減少は予想を超えたスピードで進んでおり、完全に停滞した経済のままでは二〇三〇年代の国民負担率は六六パーセントにもなるだろう。これはもう、ステルス的な福祉全体主義とでも呼ぶべき状態だ。

この福祉全体主義というのは、私が個人的にもっとも気にしている状況例である。ハイエクは生粋の哲学者・社会思想家であり、彼の経済現象に対する具体的な記述のほとんどは極めて淡白だ。彼の思想を生きたものにし続けるためには、何らかの具体的な状況に対して当てはめていく必要がある。読者各位には、これからも日本の各種の課題を、ハイエクの思想に照らし合わせて、吟味していってもらいたい。

末筆になるが、今回もまた春秋社の高梨氏には、企画から丁寧な校正、索引にいたるまで全面的にお世話になった。いうまでもないが、各章の表現や見出しの立て方などは、本文と同じほどに読みやすさを決定する。この点において、まさに本書は私と氏の共著である。ありがとうございました。

二〇二二年八月

蔵　研也

ハイエクといっしょに
　現代社会について考えよう

2022年9月20日　第1刷発行

著　　者：蔵　研也
発 行 者：神田　明
発 行 所：株式会社 春秋社
東京都千代田区外神田2-18-6
電話　営業部　03-3255-9611
　　　編集部　03-3255-9614
〒101-0021　振替　00180-6-24861
https://www.shunjusha.co.jp/
装　　丁：本田　進
印 刷 所：株式会社 太平印刷社
製 本 所：ナショナル製本協同組合

定価はカバーに表示

ISBN 978-4-393-61118-0

プロフィール

蔵　研也（くら けんや）

経済学者

1966年　富山県氷見市生まれ

1988年　東京大学法学部卒業

1991年　サンフランシスコ大学　経済学 MA（修士号）取得

1995年　カリフォルニア大学サンディエゴ校経済学 Ph.D.（博士号）取得

1995－97年　名古屋商科大学経済学部　専任講師

1997－2022年　岐阜聖徳学園大学経済情報学部　准教授

2022年　退職

［著書］

『現代のマクロ経済学』1997年　日本図書刊行会

『リバタリアン宣言』2007年　朝日新書

『国家はいらない』2007年　洋泉社

『無政府社会と法の進化』2008年　木鐸社

『18歳から考える経済と社会の見方』2016年　春秋社

［訳書］

ヘスース・ウエルタ・デ・ソト『通貨・銀行信用・経済循環』2015年　春秋社

ヘスース・ウエルタ・デ・ソト『オーストリア学派　市場の秩序と起業家の創造精神』2017年　春秋社

エドワード・ダットン＆マイケル・A・ウドリー・オブ・メニー『知能低下の人類史　忍び寄る現代文明クライシス』2021年　春秋社

索　引

→　を見よ　⇒　も見よ

註

（引用文献）

ハイエクからの引用は春秋社版「ハイエク全集」による。

■第Ⅰ期（新版）

第3巻　個人主義と経済秩序　嘉治元郎・嘉治佐代訳（2008年）

第5巻　自由の条件Ⅰ　自由の価値　気賀健三・古賀勝次郎訳（2007年／普及版2021年）

第6巻　自由の条件Ⅱ　自由と法　気賀健三・古賀勝次郎訳（2007年／普及版2021年）

第7巻　自由の条件Ⅲ　福祉国家における自由　気賀健三・古賀勝次郎訳（2007年／普及版2021年）

第8巻　法と立法と自由Ⅰ　ルールと秩序　矢島欽次・水吉俊彦訳（2007年）

第9巻　法と立法と自由Ⅱ　社会正義の幻想　篠塚慎吾訳（2008年）

第10巻　法と立法と自由Ⅲ　自由人の政治的秩序　渡辺茂訳（2008年）

別巻　隷属への道　西山千明訳（1992年／新装版2008年）

■第Ⅱ期

第2巻　貨幣論集　池田幸弘・西部忠訳（2012年）

第4巻　哲学論集　嶋津格監訳（2010年）

＊

1　全集Ⅱ-4　『哲学論集』「見せかけの知」p. 84

2　全集Ⅱ-2　『貨幣論集』「通貨の選択」p. 7-8

3　全集Ⅰ-3　『個人主義と経済秩序』「真の個人主義と偽りの個人主義」p. 24

4　全集Ⅱ-2　『貨幣論集』「通貨の選択」p. 9

5　全集Ⅱ-2　『貨幣論集』「通貨の選択」p. 5

6　全集Ⅱ-2　『貨幣論集』「通貨の選択」p. 20-22

7　全集Ⅱ-2　『貨幣論集』「通貨の選択」p. 5

8　全集Ⅱ-2　『貨幣論集』「自由市場にもとづいた貨幣制度の構築に向けて」p. 26

9　全集Ⅱ-2　『貨幣論集』「自由市場にもとづいた貨幣制度の構築に…」p. 26
10　全集Ⅱ-2　『貨幣論集』「通貨の選択」p. 12–13
11　全集Ⅱ-2　『貨幣論集』「貨幣の脱国営化論」p. 45
12　全集Ⅱ-2　『貨幣論集』「通貨の選択」p. 14–15
13　全集Ⅱ-2　『貨幣論集』「通貨の選択」p. 18
14　全集Ⅱ-2　『貨幣論集』「貨幣の脱国営化論」p. 46
15　全集Ⅱ-2　『貨幣論集』「貨幣の脱国営化論」p. 88
16　全集Ⅰ-5　『自由の条件Ⅰ』p. 21
17　全集Ⅰ-5　『自由の条件Ⅰ』p. 22
18　全集Ⅰ-5　『自由の条件Ⅰ』p. 30–31
19　全集Ⅰ-5　『自由の条件Ⅰ』p. 52
20　全集Ⅰ-5　『自由の条件Ⅰ』p. 54
21　全集Ⅰ-6　『自由の条件Ⅱ』p. 132
22　全集Ⅰ-5　『自由の条件Ⅰ』p. 31
23　全集Ⅰ-5　『自由の条件Ⅰ』p. 66
24　全集Ⅰ-5　『自由の条件Ⅰ』p. 72
25　全集Ⅰ-5　『自由の条件Ⅰ』p. 117
26　全集Ⅰ-5　『自由の条件Ⅰ』p. 118
27　全集Ⅰ-8　『法と立法と自由Ⅰ』p. 92–93
28　全集Ⅰ-9　『法と立法と自由Ⅱ』「社会正義の幻想」　p. 95
29　全集Ⅰ-5　『自由の条件Ⅰ』p. 182–183
30　全集Ⅰ-5　『自由の条件Ⅰ』p. 146
31　全集Ⅰ-5　『自由の条件Ⅰ』p. 164
32　全集Ⅰ-5　『自由の条件Ⅰ』p. 163
33　全集Ⅰ-10　『法と立法と自由Ⅲ』p. 20
34　全集Ⅰ-3　『個人主義と経済秩序』「真の個人主義と偽りの個人主義」p. 9
35　Adam Smith “An Inquiry into the Nature and Causes of the Wealth of Nations” Vol. 1, Chapter 2
36　全集Ⅰ-3　『個人主義と経済秩序』「真の個人主義と偽りの…」p. 12
37　全集Ⅰ-3　『個人主義と経済秩序』「真の個人主義と偽りの…」p. 18
38　全集Ⅰ-3　『個人主義と経済秩序』「社会における知識の利用」p. 123
39　全集Ⅰ-3　『個人主義と経済秩序』「社会における知識の利用」p. 124
40　全集Ⅰ-5　『自由の条件Ⅰ』p. 39
41　労働政策研究・研修機構ホームページ　https://www.jil.go.jp/kokunai/

statistics/timeseries/html/g0405.html
42　全集Ⅰ–3 『個人主義と経済秩序』「真の個人主義と偽りの…」p. 13
43　全集Ⅰ–9 『法と立法と自由Ⅱ』p. 18
44　全集Ⅰ–6 『自由の条件Ⅱ』p. 64
45　全集Ⅰ–3 『個人主義と経済秩序』「真の個人主義と偽りの…」p. 26–27
46　https://www.mof.go.jp/policy/budget/topics/futanritsu/20220217.html
47　全集Ⅰ–7 『自由の条件Ⅲ』「なぜわたくしは保守主義ではないのか」p. 141
48　全集Ⅰ–7 『自由の条件Ⅲ』「なぜわたくしは保守主義では…」p. 195
49　全集Ⅰ–7 『自由の条件Ⅲ』「なぜわたくしは保守主義では…」p. 193
50　全集Ⅰ–7 『自由の条件Ⅲ』「なぜわたくしは保守主義では…」p. 194
51　全集Ⅰ–7 『自由の条件Ⅲ』「なぜわたくしは保守主義では…」p. 200
52　全集Ⅰ–7 『自由の条件Ⅲ』「なぜわたくしは保守主義では…」p. 197
53　江崎道朗『インテリジェンスと保守自由主義　新型コロナに見る日本の動向』（2020年、青林堂）、『コミンテルンの謀略と日本の敗戦』（2017年、PHP 新書）、『緒方竹虎と日本のインテリジェンス』（2021年、PHP 新書）
54　全集Ⅰ–別巻 『隷属への道』 p . 224
55　全集Ⅰ–3 『個人主義と経済秩序』「真の個人主義と偽りの…」p. 27
56　全集Ⅰ–5 『自由の条件Ⅰ』p. 89
57　全集Ⅰ–3 『個人主義と経済秩序』「真の個人主義と偽りの…」p. 28
58　全集Ⅰ–3 『個人主義と経済秩序』「真の個人主義と偽りの…」p. 28
59　全集Ⅰ–6 『自由の条件Ⅱ』p. 26
60　全集Ⅰ–6 『自由の条件Ⅱ』p. 36
61　全集Ⅰ–6 『自由の条件Ⅱ』p. 55
（原文 John Locke “Two Treatises of Civil Government” The Second treatise of Civil Government, Chapter 4, “On slavery” section 22）
62　全集Ⅰ–8 『法と立法と自由Ⅰ』p. 123
63　全集Ⅰ–6 『自由の条件Ⅱ』p. 145
64　全集Ⅰ–6 『自由の条件Ⅱ』p. 146–147
65　全集Ⅰ–3 『個人主義と経済秩序』「真の個人主義と偽りの…」p. 24
66　https://www.jil.go.jp/kokunai/statistics/timeseries/html/g0212.html
67　https://www.cas.go.jp/jp/seisaku/seicho/seichosenryakukaigi/dai8/

siryou1.pdf

68　日本経済新聞2022年5月7日　https://www.nikkei.com/article/DGKKZO60565180W2A500C2TB0000/

69　全集Ⅰ-3　『個人主義と経済秩序』「社会における知識の利用」p. 109

70　全集Ⅰ-3　『個人主義と経済秩序』「社会における知識の利用」p. 113

71　全集Ⅰ-3　『個人主義と経済秩序』「社会における知識の利用」p. 114

72　全集Ⅰ-3　『個人主義と経済秩序』「社会における知識の利用」p. 121-122

73　全集Ⅰ-3　『個人主義と経済秩序』「社会における知識の利用」p. 120-121

74　全集Ⅰ-3　『個人主義と経済秩序』「競争の意味」p. 134

75　全集Ⅰ-3　『個人主義と経済秩序』『真の個人主義と偽りの個人主義』p. 19

76　全集Ⅰ-3　『個人主義と経済秩序』「社会における知識の利用」p. 115

77　製薬協会ホームページ　https://www.jpma.or.jp/about_medicine/guide/med_qa/q39.html

78　日本経済新聞　https://www.nikkei.com/article/DGXLASDG10H06_Z10C14A8SHB000/

79　医薬品医療機器総合機構　https://www.jpma.or.jp/opir/news/063/08.html

80　医薬産業総合研究所　https://www.jpma.or.jp/opir/news/062/09.html

81　https://www.cochrane.org/

82　全集Ⅰ-7　『自由の条件Ⅲ』p. 11

83　全集Ⅰ-7　『自由の条件Ⅲ』p. 11

84　全集Ⅰ-7　『自由の条件Ⅲ』p. 49-50

85　全集Ⅰ-7　『自由の条件Ⅲ』p. 48

86　https://ja.wikipedia.org/wiki/　グリーンピア

87　全集Ⅰ-7　『自由の条件Ⅲ』p. 51

88　財務省ホームページ　https://www.mof.go.jp/zaisei/aging-society/society-future.html

89　全集Ⅰ-9　『法と立法と自由Ⅱ』p. 116-117

90　https://diamond.jp/articles/-/177641

91　全集Ⅰ-5　『自由の条件Ⅰ』p. 171

92　全集Ⅰ-10　『法と立法と自由Ⅲ』p. 244